上海市2023年度"科技创新行动计划"科普专项
杨浦区"运动健康"科普特色能力建设项目资助出版

青少年日常力量训练
——强健体魄的起点

张 盛 韩耀刚 等 编著

科 学 出 版 社
北 京

内 容 简 介

科学运动对身体健康的促进作用已经是共识。青少年身体素质提升，尤其是被誉为"素质之核心"的力量素质，一直备受关注。本书通过生动的图文结合方式，普及青少年力量训练基础知识，提出了针对性的训练原则和评估手段，介绍了多种实用的力量训练方法，包括自身体重训练、自由重量训练、弹力带训练、药球训练、健身器训练等，并制订了多样化的训练计划，以满足青少年不同的力量训练需求。

本书适合广大青少年及家长、体育教师、体育教练、体能训练爱好者阅读。致力于让力量训练变得科学、安全且充满乐趣，助力青少年强健体魄，塑造坚韧品格。

图书在版编目(CIP)数据

青少年日常力量训练：强健体魄的起点 / 张盛等编著.
-- 北京：科学出版社，2025.6. -- ISBN 978-7-03-081908-6

Ⅰ. G808.14

中国国家版本馆 CIP 数据核字第 2025DM4685 号

责任编辑：张佳仪 / 责任校对：谭宏宇
责任印制：黄晓鸣 / 封面设计：义和文创

科 学 出 版 社 出版

北京东黄城根北街 16 号
邮政编码：100717
http:// www.sciencep.com

苏州越洋印刷有限公司印刷
科学出版社发行 各地新华书店经销

*

2025 年 6 月第 一 版 开本：B5（720×1000）
2025 年 6 月第一次印刷 印张：8
字数：147 000

定价：58.00 元
（如有印装质量问题，我社负责调换）

前　言

　　在快节奏的现代生活中,青少年作为国家的未来与希望,其身心健康状况日益成为社会关注的焦点。随着科技的飞速发展,生活方式的改变使得青少年参与户外活动和体育锻炼的机会相对减少,久坐不动、缺乏运动的不良生活方式正悄然侵蚀着他们的体质基础。在此背景下,科学运动,特别是针对青少年力量素质提升的运动,显得尤为重要。

　　编写本书的初衷,是希望为广大青少年、家长、体育教师、体育教练及体能训练爱好者提供一份全面、实用且易于理解的力量训练指导。在编写过程中,我们深知青少年力量训练的特殊性和复杂性。因此,本书不仅汇集了国内外最新的研究成果和训练理念,还充分考虑了青少年的生理、心理特点,以及他们在力量训练过程中可能遇到的各种问题。本书通过图文结合方式,深入浅出地讲解了力量训练的基础知识、训练原则和评估手段,使复杂的科学原理变得直观易懂。同时,书中还详细介绍了多种实用的力量训练方法,包括自身体重训练、自由重量训练、弹力带训练、药球训练、健身器训练等,为青少年提供了丰富多样的选择。本书还根据青少年的不同需求和水平,制订了多样化的训练计划。这些计划既注重全面性,又兼顾个性化,旨在帮助每一位青少年找到适合自己的训练方法,从而在享受运动乐趣的同时,有效提升力量素质,强健体魄,塑造坚韧品格。

　　本书为上海体育大学教授张盛领衔的上海市2023年度"科技创新行动计划"科普专项——杨浦区"运动健康"科普特色能力建设项目(项目编号:23DZ2300200)的培育成果,旨在通过科学普及与实践指导,使"会运动、爱运动,让科学健身成为美好而简单的事"的理念深入人心,为青少年健康成长保驾护航。感谢刘为坤、曹雪原、覃继媚、司子洋、丁超、王琳芳、孙文锋、梁厚德、刘金龙、权晶燕、连沁等为本书的编写及示范动作的拍摄工作做出的贡献,此外我们还参阅了大量有关青少年力量训练的研究资料,在此一并对相关研究者表示感谢。我们期待,通过本书的引导,有更多的青少年能够走进科学运动的殿堂,让运动成为他们生活中不可或缺的一部分,让健康成为他们成长道路上最坚实的基石。

编者
2025 年 4 月

目　录

第 1 章

青少年为什么要进行力量训练?

我国青少年力量素质状况堪忧

"少年强则国强",健康体魄是青少年为祖国和人民服务的基本前提,是中华民族旺盛生命力的体现[1]。习近平总书记强调,体育承载着国家强盛、民族振兴的梦想;体育强则中国强,国运兴则体育兴。广大青少年只有身心健康,才能更好地投身于社会主义建设,为实现中华民族伟大复兴贡献自己的力量。然而,自20世纪80年代开始,伴随着我国社会经济的快速发展,国民生活方式发生巨大变化,青少年日常身体活动量越来越少,体质健康水平持续下滑,我国青少年正面临不容忽视的体质健康问题。

从实际调研结果来看,青少年力量素质指标令人担忧。全国学生体质与健康调研是国民体质监测体系的重要组成部分,是学校体育、卫生与健康教育工作的重要内容。1985年国家多部委首次联合开展大规模全国学生体质与健康调研,此后的1990年、1995年、2000年、2005年、2010年、2014年等年份均组织开展了此项工作,截至目前一共进行了八次调研。2021年9月教育部发布了第八次调研报告数据,综合来看:1995 ~ 2019年,我国学生身体形态、部分身体机能和身体素质指标开始出现止跌回升的趋势,如学生身高、体重、胸围等形态发育指标持续向好,但同时也发现了超重肥胖率从5.0%上升到24.2%,视力不良率(包括近视、远视和其他视力问题)从41.2%上升到60.7%。不健康生活行为方式普遍存在,心理健康问题高发,力量素质呈现持续下滑趋势。以立定跳远为例,13 ~ 15岁男生平均成绩从2010年的205.3 cm降至2019年的192.7 cm,降幅达6.1%;女生从178.2 cm降至165.8 cm,降幅达6.9%。握力测试结果更为严峻,17岁男生平均握力从2010年的42.3 kg降至2019年的38.5 kg,女生从28.7 kg降至25.4 kg。初中男生引体向上平均完成量仅为3.8个,有一半以上的学生一个引体向上动作都完成不了,较20世纪90年代同龄群体下降幅度达40%[2]。

青春期作为个体成长关键阶段,蕴含着显著的发展红利。研究表明,通过系统性投资青少年群体的健康与福祉,不仅能够充分释放其在青春期的发展潜力,还能将这种积极影响延续至成年阶段,并对下一代产生正向传递作用。由于青少年发展状况与全球可持续发展目标的实现紧密相关,世界卫生组织明确建议各国构建完善的国家政策与战略体系,通过制度性保障措施,全方位促进和维护青少年群体的身心健康。

作为全球第二人口大国,中国6 ~ 19岁青少年群体规模超过2亿,其体质健康

---

[1] 中共中央、国务院. 中共中央国务院关于深化教育改革全面推进素质教育的决定(中发〔1999〕9号). 1999.
[2] 教育部体育卫生与艺术教育司. 第八次全国学生体质与健康调研结果发布. 中国学校卫生,2021,42(9):1281–1282.

尤其是力量素质发展水平,不仅关乎个体生命质量,更直接影响国家人力资本储备与民族长远竞争力。过去数十年间,我国通过体教融合政策、学生体质监测制度等系统性举措,在青少年健康促进领域取得显著成效。然而,当前全球多重风险交织,对青少年健康管理形成新挑战,可能削弱前期在营养改善、健康干预及教育发展等领域积累的成果。与多数中低收入国家青少年人口持续增长的趋势不同,我国已进入人口负增长阶段,并伴随深度老龄化进程。在此背景下,通过提升青少年体质健康水平推动经济高质量发展成为必然选择。

针对我国青少年体质健康存在的种种问题,我国长期以来给予高度重视和政策支持[1]。近20年来,党和国家颁布了20多项促进青少年体质健康的政策,持续的投入在一定程度上扭转了青少年体质健康下降的趋势,但新形势下青少年体质健康仍然面临挑战,针对青少年体质健康尤其是力量素质下降的政策、提案、呼吁和报道经常引发社会关注,需要基于专业的视角和科学的精神对其进行系统审视,并采取有效的干预措施提升我国青少年的力量素质。为此,本书作出了探索和努力。

青少年力量训练的误解与真相

1

误解一: 力量训练会阻碍儿童青少年的生长发育

真相: 没有任何科学性证据显示力量训练会阻碍儿童青少年的生长或减少骨质的形成。身体活动是儿童青少年生长发育中不可或缺的要素,而规律地参与力量训练活动对于儿童与青少年在青春期的生长发育有帮助。骨质主要取决于基因,循序渐进的力量训练只会让骨骼更强健,更不易受伤。在儿童和青少年时期,人体的大部分骨质逐渐积累,所以,这是通过适当的力量训练来增强肌肉骨骼系统的最有效时期。增强肌肉骨骼系统,当然少不了设计合理的力量训练方案,合理的力量训练能够通过增强肌肉力量的方式间接地提高孩子的骨质。也就是说,肌肉力量提高了,骨骼能够承受的力量也会有所提升。

部分家长觉得力量训练,尤其觉得举重练习会"压"个子,主要是由于看到大部分的举重运动员个子都比较矮,因此产生这样的误解。其实我们在电视上看到的举重运动员身高普遍不高是运动选材的结果,即在运动员很小的时候教练及体育科研人员通过各种筛查及测试,找到符合举重项目特点的苗子来专业化培养。

[1] 郇昌店.我国青少年体质健康政策协同研究.上海:上海体育学院,2016.

②

误解二：没有足够的睾酮促进肌肉生长所以无法增进力量

真相：你可能听说过，青少年身体只能产生满足生长发育成熟所需的睾酮含量，无法产生更多的睾酮以支持肌肉力量的发展。这是一个误解。尽管青少年发育前以及所有女性都只能分泌极少量的睾酮，但他们还是可以通过力量训练来提高肌肉力量水平。研究显示，仅参加两个月的力量训练后，练习者的肌肉力量普遍提升了30%～50%。这样的进步是完全有可能的，人体激素水平不是提升肌肉力量的唯一条件，力量的提升还与神经、肌肉系统有很大的关联。

此外，一些女孩子，甚至女子运动员都比较排斥力量训练，主要是担心力量训练会让肌肉更加发达而影响身材美感，其实完全不需要有这样的担心。因为增肌是相对漫长的过程，而且女性睾酮水平相对较低，因此力量训练不会轻易形成想象中"发达"的肌肉，反而会促进体脂的下降，改善肌肉线条，让身材更加好看。

③

误解三：儿童青少年时期进行力量训练是不安全的

真相：家长往往认为外在的负重会导致孩子的骨骼和肌肉受伤，甚至骨骼变形，因此不同意孩子参与力量训练。其实在儿童青少年参与的许多运动项目中，力量训练的风险反而比其他项目低。

有研究指出[1]，举重项目的损伤发生率远低于足球、篮球等集体球类项目。举重预防风险的关键在于需要有专业的教练监督，并针对不同年龄设计合适的训练计划及安全训练环境（表1.1）。无论是哪一种运动训练，意外总是发生在没有根据安全规范进行操作，或是没有遵守训练计划的规定时，因此安全规范的考量才是避免风险的关键。

表1.1　不同运动项目每100参与小时的受伤概率

受伤概率	体育运动或活动
6.2	足球
1.92	英式橄榄球
1.03	篮球

[1] HAMILL B P. Relative safety of weightlifting and weight training. Journal of Strength and Conditioning Research, 1994, 8(1): 53-57.

③

（续表）

受伤概率	体育运动或活动
0.57	美式田径
0.37	越野赛跑
0.26	英式田径
0.18	体育课
0.1	橄榄球
0.1	壁球
0.07	网球
0.05	羽毛球
0.044	体操
0.0012	重量训练
0.0008	力量举（竞赛）
0.0006	举重（竞赛）

注：受伤概率=每100参与小时的受伤次数。

④

误解四：力量训练只适合青少年运动员

真相：青少年有规律地参与力量训练可以是安全又有效的，而且不论男女或是否有运动经验，都可以尝试参与力量训练。力量训练对青少年运动员而言可以提升运动表现且使身体练得更加强壮，对于从事非竞技运动的青少年而言也是另一种能够激发兴趣的运动项目，许多生活中久坐或肥胖的孩子，非常不喜欢参与长时间的有氧运动，因此有着丰富内容的力量训练可以提供另一种选择。

需要特别提醒的一点，青少年的身体正在快速发育中，长期伏案学习或不正确的生活方式导致驼背、圆肩等不良的身体姿态，会影响外在气质，而且可能造成心理上的创伤。针对性地参与力量训练配合拉伸运动，可以较好地保持或是纠正青少年的不良体态，身姿更加挺拔，更加有气质。因此，力量训练并不是只有运动员才适合去做，大众都可以从中获取益处。

⑤

误解五：力量训练会造成青少年肌肉僵硬与柔软度变差

真相：由于力量训练会带来肌肉体积的增大，发达的肌肉往往让我们和僵硬联想在一起，认为肌肉练硬了，练"死"了。正如第二点所介绍的，儿童青少年的力量增长更多源于神经适应的结果，而不是肌肉体积的增长。

随着激素水平的提高，肌肉围度会逐渐由于力量训练而增加，力量训练时，往往是大动作范围及大关节活动度的动作，因此并不会让柔软度变差。实际上，力量训练结合了拉伸练习，对于儿童青少年反而有改善柔软度的效果。但如果经常参与体育运动却没有养成拉伸的习惯，不仅会让肌肉延展性和关节灵活性下降，还会增加运动损伤的风险，因此一定要"刚柔并济"。

总的来说，青少年有规律地、科学地进行力量训练并不会对生长发育、身体健康带来不良影响，反而有更多的好处：增进肌肉力量与爆发力、提高局部肌肉耐力、增加骨密度、改善血脂状况、改善体成分（脂肪含量下降）、提高动作技术表现、增强抵抗运动损伤的能力、改善身体形态、增强自信心，以及对终身体育有更加积极的态度等。同时，考虑到身体素质全面发展的需要，家长及教练们在带孩子进行锻炼的同时，可以结合力量训练、有氧训练、柔韧性训练等，尤其是部分孩子会参与一些篮球、跆拳道的兴趣班，更应该适当增加力量训练。这样不仅有助于促进专项运动技能水平的提高，还能够预防损伤。

> 力量训练的主要目的是强健肌肉骨骼系统。一个强健的肌肉骨骼系统，能让孩子有健康的资本参加各种类型的体育锻炼，还能降低运动受伤的概率。

青少年力量训练的意义与价值

家长们对低强度且安全有效的有氧运动情有独钟，却对中高强度的力量训练存在着一些质疑。有些家长将力量训练等同于健美或举重，他们担心青少年正处于生长发育阶段，进行力量训练会让身体超负荷，造成运动损伤或生长发育滞后等问题。那么，青少年是否可以进行力量训练呢？

其实，国际上很多权威机构都推荐青少年进行力量训练（表1.2）。《2018年美国人体力活动指南》中指出青少年的主要运动方式分为有氧运动、加强力量的运动和加强骨骼的运动三个部分。《加拿大体力活动指南》中建议青少年每天至少进

表1.2　国际主要机构和协会关于青少年力量训练立场声明的主题

协会/机构	频次容量强度	动作选择/顺序	练习进阶退阶	举重	增强式训练	组间休息	动作速率	周期性/变化性	有效性	停训效应	训练风险	评估	恢复策略	热身	冷身	监督指导	医疗审查
美国国家体能协会（1985/2009）	√	√			√	√	√		√	√	√	√		√	√	√	√
国际奥林匹克委员会（2007）											√						
美国儿科学会（2008）					√						√					√	
加拿大运动生理学学会（2008）	√	√	√		√			√	√		√	√		√	√	√	√
英国体能协会（2012）	√	√	√		√		√	√			√	√				√	
英国举重协会（2016）		√	√		√			√			√	√		√		√	
澳大利亚体能协会（2017）	√		√		√						√			√		√	
美国儿科学会（2020）											√					√	√

资料来源：尹晓峰.青少年抗阻训练：长期规划与实践指南.上海：上海科学技术文献出版社，2023.

行60分钟的中高强度体育锻炼，每周至少有3次强化力量与骨骼的身体练习。我国教育部最新发布的《义务教育体育与健康课程标准（2022年版）》也要求学生在体育课上通过力量训练，增强各个肌肉群的力量，保持肌肉平衡（图1.1）。可见，力量强化练习对青少年的体质健康是非常重要的。

图1.1　教育部《义务教育体育与健康课程标准（2022年版）》关于青少年力量训练的要求

资料来源：中华人民共和国教育部.义务教育体育与健康课程标准（2022年版）[M].北京：北京师范大学出版社，2022.

力量素质作为体质健康的重要构件，其变化可体现体质健康的变化，因此，合理提高力量素质，对体质健康的促进则有举足轻重的作用。与健康有关的力量素质可以保持或改善人体一些组织或器官的结构与功能。研究表明，青少年的力量训练可以降低心血管风险、促进骨骼健康、促进心理健康、提高运动表现、增强抵抗相关体育项目潜在伤病的能力。

降低心血管风险

近年来，很多学者的研究证明，力量训练对于青少年的健康问题（如肥胖）有显著改善作用。肥胖青少年一般会喜欢力量训练，因为阻力训练有规律的组间休息，有利于青少年坚持完成训练。有研究表明，有肥胖风险的男性青少年进行16周的力量训练，体脂百分比会明显降低，胰岛素敏感度也会增加。目前认为，力量训练对于降低血脂有积极的作用。

促进骨骼健康

目前的研究认为，在合适的时间进行相关负重练习对骨骼的生长和重塑过程是有益的。事实上，负重的身体训练对骨骼塑造和生长是不可或缺的。尽管骨密度的峰值受遗传影响较大，但系统进行多关节中高强度的力量训练（如上肢卧推、深蹲、举重练习）和增强式训练（如跳跃）会使成骨骼肌细胞增加。

如果根据年龄的特点设计力量训练计划，并进行合理营养摄入（如摄入足够的钙），就可以最大化地提高骨密度。有研究表明，进行举重练习10个月，实验组运动员的骨密度水平要明显大于同等年龄的对照组。

促进心理健康

同成年人进行力量训练一样，青少年力量训练的锻炼效果不仅限于生理层面，还可以促进心理健康和提升幸福感。一些国外的研究证实，参加力量训练的儿童和青少年在心情和自我评价方面有了明显改善。心理学专家发现，系统进行力量训练的儿童和青少年的社会化程度和心智的自我控制能力有明显提高，与参加团体项目的运动员表现出了相似的合作性与纪律性。同时，他们对终身体育的态度也非常积极。

青少年如果采取适当的力量训练，不仅能够获得教练和家长的鼓励，他们自己也能明显感受到自我提高和自我实现。相反，如果遇到密集的训练，超越其承受压力的负荷，就会使青少年产生负面的心理效应。

提高运动表现

青少年通过力量训练在一些基本的运动技能方面的能力均有较大提高（如跳

远、垂直跳、冲刺速度和抛药球等）。此外,系统进行增强式训练的青少年也能获得提高。近年来,有研究报道称,力量训练合并增强式训练能使青少年获得最大的运动技能的提高。

增强抵抗相关体育项目潜在伤病的能力

随着校园体育和社区体育活动的逐渐兴起,越来越多的青少年参与到一些体育项目当中来,比如足球、篮球、网球、乒乓球、游泳等。然而,不合理的准备活动和不正确的练习导致青少年伤病的情况也频繁出现。体育项目的潜在伤病已经成为青少年参与体育活动的最大障碍,有些伤病可能会影响他们今后的生活,这也是很多青少年放弃体育的一个重要原因。

当然,彻底消除这种伤病风险也是不切实际的,但在青少年的训练计划中加入力量训练的内容,就能够降低伤病的风险。造成青少年伤病的因素主要有:早期的伤病、较差的体能、肌力不平衡和错误的练习。研究表明,采用合适的力量训练可以使上述的伤病（包括急性和过度使用的）风险降低15% ～ 50%。当然,还有一些因素也是减少伤病必不可少的,比如教练员的预防教育、场地器械的安全、合理的营养等。

女性运动员膝关节损伤的风险要高于男性。国外学者研究了不同训练计划对年轻女性运动员膝关节发病率的影响,结果发现,赛季前的体能训练中包括了增强式练习、力量训练和跳跃的动作机制学习的女性运动员伤病率明显降低。

一定的力量素质可表现为肌肉通过收缩产生一定力矩,在收缩过程中能抵抗一定程度的疲劳。力量素质的作用及功能可根据个体在不同年龄阶段的运动能力、日常生活活动、保持独立功能以及防止老年人摔倒等方面表现出来。日益增多的研究显示,青少年提高力量素质,可减少慢性病风险与功能丧失的发生率,与其终身健康状态的提高密切相关[1]。

过去一直鼓励青少年参加有氧运动,但超重会影响其运动表现,并且会增加其骨骼肌伤病的风险。因此,肥胖青少年的动作技能一般较差,缺乏从事一般体育活动的自信。他们通常会延长有氧活动的时间来提高体能,但这会让体育锻炼变得更加无聊和令人厌倦。

[1] 范洪彬.上海市 6 ～ 14 岁学生力量素质测评体系优化研究.上海：华东师范大学,2017.

第 2 章

你需要知道的力量训练知识

力量训练的基本概念

力量的基本定义是：一块肌肉或者一组肌群在特定的动作中以特定速度运动产生的力的最大值[1]。但是因为力量有多种表现形式，所以它的内涵并没有那么简单。以下是各种类型的力量的基本概念。

力量类型

• 绝对力量

绝对力量是指在解除所有的限制和保护机制后，肌肉所能产生的最大的力。在实际生活中，人们极少能够见到一个人展示出自己的绝对力量。绝对力量只有在一些极端的情况下才会产生，比如遇到紧急状况、处于催眠状态或者借助特定药物的帮助。

• 最大力量

最大力量是指一块肌肉或者一组肌群在只能完成一次的某种特定练习中产生的最大的力。这也被称为单次最大值（one-repetition maximum，简称1 RM）。这种类型的力量对举重运动员无比重要。

• 相对力量

相对力量是指一个人的最大力量与其体重的比值。在比较体型明显不同的练习者的力量水平时，相对力量的概念就很重要了。相对力量是用1 RM除以自身体重。例如，一名体重100千克能够卧推180千克重量的练习者与另一名体重50千克能够卧推90千克重量的练习者相比，他们的相对力量是相等的。相对力量对力量型运动员很重要。

• 速度力量

速度力量经常被叫作爆发力，是指快速移动身体或某个物体的能力。这种力量对大多数运动来说都很重要。尤其是在田径比赛（如铅球、标枪和跳远）中，爆发力至关重要。

• 启动力量

在运动的起始阶段，使力量急速爆发的能力。这种力量对举重、拳击、武术以及足球中的快速进攻都很重要，这些运动都需要快速产生力量。

---

[1] KNUTTGEN H G, KRAEMER W J. Terminology and measurement in exercise performance. Journal of Strength and Conditioning Research, 1987, 1(1): 1–10.

• 加速力量

加速力量是指在某种练习的大部分动作过程中,使力量持续激增的能力。这种力量在动作开始后发挥作用,对柔道、摔跤和短跑冲刺等非常重要。

• 力量耐力

力量耐力是指在较长的时间内或者在多次完成某个练习的过程中维持力量持续生成的能力。这种力量对摔跤、骑行、游泳和健美训练等运动非常重要。

针对这么多种不同类型的力量进行锻炼,因此力量训练包含多种训练方法。无论是追求最大力量、爆发力还是力量耐力,都需要通过某种形式的力量训练来实现。不同类型力量的获得都要用到某种形式的阻力,它可以由自由重量、健身器械,或是练习者自身的体重提供。

肌肉运动的方式

在一次典型的力量训练过程中,肌肉可能需要收缩数十至数百次来移动练习者的身体或使用的器械。对肌肉神经的刺激使肌肉的收缩单元试图缩短,但是肌纤维并非在每次收缩时都会缩短。根据肌肉负荷和肌肉产生的力量大小,肌肉在收缩过程中存在三种不同的运动方式,如向心运动、离心运动和等长运动。

• 向心运动

当肌肉产生的力量超过外部阻力时,伴随着肌肉的缩短产生了关节的运动。换句话说,向心收缩即举起重物时肌纤维缩短的过程。以肱二头肌弯举为例,前臂上抬的阶段就是肱二头肌的向心运动阶段,也经常被称作动作的正向阶段。

• 离心运动

当外部阻力超过肌肉产生的力量时,伴随着肌肉的拉长产生了关节的运动。做肱二头肌弯举时,前臂放下的阶段就是肱二头肌的离心运动阶段,也经常被称为动作的反向阶段。尽管肌纤维被拉长了,但它们还是处于收缩状态,并能够控制重物回到起始位置。

• 等长运动

等长运动意味着肌肉处于收缩状态但关节却没有移动,肌肉产生了力量但肌肉长度却保持不变。当你试图举起一个不可移动的物体,或者因为物体重量太大无法将其移动的时候,你的肌肉就在做等长运动。肌纤维收缩试图移动重物,但肌肉长度并没有缩短,因为重物实在太重了。

不同的肌肉运动方式对增强力量和增肌到底有多大的影响,研究力量训练的学者之间还存在很多争议。

研究发现,肌肉等长运动的训练确实可以增强力量和增长肌肉[1]。然而,在等长收缩的训练中,只有当关节运动到几个特定的角度时,肌肉才能够得到锻炼。例如,如果一个人在卧推起始和结束的中间位置练习等长收缩,那么就只能在那个特定的位置才能增强肌肉的力量。这与卧推获得的更多的整体力量是无法等同的,除非在卧推的起始姿势和结束姿势之间存在一系列可以进行等长收缩训练的位置。因此,虽然等长收缩训练是有益的,但为了提高肌肉的整体适应能力,需要把离心式和向心式的肌肉运动也加入训练中。

因为在离心收缩过程中肌肉超负荷的可能性更大,所以离心收缩可能会造成更多的肌肉损伤。有人推测,离心收缩中肌肉越超负荷运动,力量增强得越多。研究表明,单一的离心收缩训练确实能使力量显著增强,然而效果却并不比单一的向心收缩训练更好[2]。因此,为了产生最大限度的肌肉适应,力量训练计划应当同时包含向心式和离心式的肌肉运动。

在力量训练中,向心运动、离心运动和等长运动这三种方式会产生不同的肌肉适应状态。虽然等长运动能在一定程度上促进力量的增强和肌肉量的增加,但它只能促进静力的增长。并且,静力的增长并不一定能够转化为大多数体育运动所需要的动态力量。因此,大多数力量训练计划都把重点放在了肌肉的向心运动和离心运动上。如果练习动作同时包含了肌肉的向心运动和离心运动,力量就会明显增强,肌肉的体积也会显著增大。

此外,还存在另一种肌肉运动方式,我们称之为自发性最大收缩,这种肌肉运动方式并不涉及肌肉的实际运动,而只与阻力强度相关。当一块肌肉经历自发性最大收缩时,它会在当时肌肉允许的疲劳水平下对抗最大的阻力。无论一组练习中包含多少次重复(不管是1次还是10次),在最后一次重复中,当向心收缩的肌肉达到瞬间力竭的状态时,就可以认为肌肉处于自发性最大收缩的状态。换句话说,肌肉已经不能再一次重复动作了。这里要提到最多重复次数RM的概念,提到RM时,我们通常会在RM前面标上相应的数字来表示重量。例如,1 RM表示在仅有的1次重复中导致肌肉产生自发性最大收缩的重量,10 RM则表示在完成第10次重复时导致肌肉产生自发性最大收缩的重量。

力量训练的生理学机制

汉斯·塞利(Hans Selye)博士在1936年发表了一篇名为《由多种有害介质引

[1] FLECK S J, SCHUTT R C. Types of strength training. Clinics in Sports Medicine, 1985, 4(1): 159–168.
[2] FRIEDMANN B, KINSCHERF R, VORWALD S, et al. Muscular adaptations to computer–guided strength training with eccentric overload. Acta Physiologica Scandinavica, 2004, 182(1): 77–88.

发的综合征》("A Syndrome Produced by Diverse Nocuous Agents")的论文。该论文发现一个生命体暴露在外部的压力源(刺激)中,之后会表现出一系列特定的短期反应和长期适应。塞利博士把锻炼看作一种"有害"或者有毒的压力源,训练是以身体被施加某种刺激,并从该刺激中恢复,然后适应这个刺激的过程为基础的,这构成了力量训练的"刺激—恢复—适应"生理学机制。

对刺激的适应能力是定义生命的重要标准之一。刺激指的是任何可以改变机体生理状态的事件,比如一次高强度的运动,刺激会打破体内平衡(机体内的正常生理环境),之后,为了更好地生存,机体会从刺激中恢复到比施加刺激之前更强一点的状态,以应对同样的刺激再次发生。机体对于刺激的这种适应是其保证自身在多变的环境下存活的方式。而且,这种对刺激的适应过程是生命的重要特征之一。

本书中的刺激是通过力量训练产生的,并借此使身体产生促进肌肉力量增长的适应状态。与机体所承受的其他任何类型的重复性刺激一样,身体对先前刺激的适应会积累,进而从根本上改变机体。在训练中,我们可以持续施加在身体上的刺激类型与之前经受过的刺激有关,目前的适应状态构成了身体对刺激的最终适应潜力的一部分。不论是紧急状况下的急性刺激,还是在一段时间内产生的慢性刺激,每个人适应刺激的能力都存在上限。这个上限由基因和练习者所处的物理环境决定,这两点共同控制着每个人的运动表现的潜力。

基于塞利的理论,身体在接受训练刺激后存在三种可能的发展路径。刺激太小无法打破体内平衡,也就不会产生什么改变;刺激过大虽然会打破体内平衡,但却超出了身体的适应能力,从而导致表现下滑;只有适量的刺激既能够打破体内平衡,同时又不会超出机体的适应能力,才能促成进步(图2.1)。

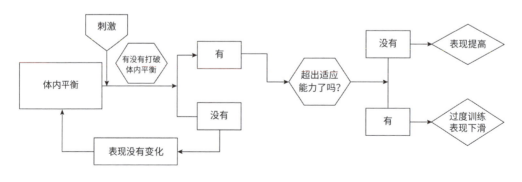

图2.1　力量训练的"刺激—恢复—适应"生理学机制

刺激—恢复—适应的过程是每个人在体育训练中提高运动表现的符合逻辑的过程。练习者只需持续地对身体施加与其希望提高的运动表现相关的、可以引发适应状态的刺激。因此,不断变化的刺激是有效训练的关键要素。

不断调整变量去施加刺激,并从该刺激中恢复,由此产生的净效应就是可以提高运动表现的适应状态。但是人们往往会忽视,取得进步的过程是由长期逐渐增加的刺激—恢复—适应效应累积而来的,单次的训练本身并不是关键。也就是说,一份全年度—季度—月度的训练计划非常重要,随着时间的推移,累积的训练效应才会产生适应状态。如果没有控制好这一点,训练就会缺乏效率;如果完全不加控制,那所做的就不是训练,只是锻炼罢了。在不同情况下,对于不同的练习者,刺激—恢复—适应循环的作用方式也不尽相同。

初级练习者的终极身体潜力还完全没有开发,对他们来说,从一次力量训练中恢复并产生适应状态后,他就能够变得更加强壮。从这个点开始,只要没有因为不再施加刺激使得先前的适应状态消失,后续施加的刺激就能使这个过程再次发生,并产生进一步的适应状态。

练习者并不是在训练过程中变强壮的,而是在训练后的恢复阶段变强壮的。那么,既然已经变强了一些,符合逻辑的做法就是在下次训练时增加训练负荷,也就是采用简单的渐进式超负荷方式,有规律地逐渐增加最大训练重量。再次使用同样的训练负荷不会产生任何提高,因为练习者对这个负荷已经适应了。这时,增加一点训练负荷就再次让练习者经历塞利理论的第1阶段和第2阶段,使超负荷适应循环在一个稍高一点的水平上重复。

练习者的训练水平越高,理解刺激—恢复—适应模型就越重要,理解该模型平衡构成人体适应状态的两种对立要素的方法也就越重要:

(1)训练负荷必须足以打破体内平衡才能引发适应状态的产生,同时训练负荷不能过高,变成一种无法承受的刺激。

(2)必须保证充分的恢复才能促使适应状态出现。

对初级练习者来说,他们的面前是一条康庄大道,基本看不到什么刃口,行走起来很容易;对中级练习者来说,这条路要险恶一些,需要使用更复杂的方法;对高级练习者来说,想要在这锋利的刀刃上保持平衡而不受伤,需要非常仔细地控制训练计划的每一个变量。

力量训练与青少年生理特点

青少年时期是从儿童到成人的过渡时期,通常男孩为14 ～ 18岁,女孩为12 ～ 18岁,无论从生理或心理都正处于走向成熟,但尚未完全成熟阶段。青少年时期是个体整个生命周期内身心发展最为关键的阶段。无论年龄、发育成熟度以及性别如何,积极而充分的身体活动对于维持和促进健康至关重要。

身体形态方面

青少年时期,身高、体重、胸围等都处在发育的黄金期,逐渐接近成人。但由于性激素对脑垂体的抑制作用,身高、体重和各器官的增长发育逐渐缓慢下来。骨骼已基本骨化,骨组织内有机物和水分减少,无机盐增多,骨骼较坚固,能承受较大的运动负荷。

需要注意的是,青少年面临的独特挑战之一是身体各部分的不同增长速度,而这些差异对于运动策略中力量的施加方式造成了较大的影响[1]。男孩和女孩的腿与躯干长度的增长模式相似,男孩和女孩腿部长度的增加往往先于躯干长度的增长,腿长与躯干长度(即坐高)的比率呈现出先增后减的趋势。肩部和臀部骨骼宽度在其发育过程中表现出明显的性别差异。在青春期生长突增开始之前,女孩(平均而言)的平均肩/臀宽高于男孩。在身高突增之初,该比例在女孩中显著下降,而在男孩中增加,这反映了女性骨盆宽度相对于肩部的更大发展,以及男性肩部宽度相对于骨盆的更大发展。有趣的是,科学研究表明,阻力训练可以影响男孩和女孩的骨骼生长。年轻的举重选手比没有参加过负重训练的人有更大的骨密度。事实上,力量训练可能是骨骼生长和发育的最有效的运动刺激。

身体机能方面

心脏容积和收缩力大大增加,但动脉血管的增长落后于心脏,心脏与血管发育之间不平衡,是青少年初期血压升高的主要原因。随着胸围、胸腔的增大,肺活量增大。肌肉中水分减少,蛋白质、无机盐等成分增多,肌肉主要向横向发展,弹性和伸展性增强,力量明显增大。所以,青少年时期是进行肌肉力量和耐力训练的最好时期。各种身体素质都有自己发展的敏感期,在这段时期所对应的身体素质能力发展相对迅速。

12 ～ 15岁:一般力量发展的敏感期。在此阶段,着重发展全身肌肉组织,强度不宜过大,着重发展快速力量。主要采用动力性力量练习。在此敏感期的后期,可适当根据运动项目特点,加入专项力量练习,同样,负荷不宜过大。

15 ～ 17岁:专项力量发展的敏感期。在此阶段,加大专项力量练习的比重,着重发展那些与提高专项竞技能力相关的肌肉力量。以增大肌肉横截面积,提高肌肉间的协调能力为主。

身体发育方面

男孩和女孩的成长和成熟之间存在明显的差异。一般情况下,女孩比男孩成熟得早。女孩的成长期可能从10岁就开始,在12 ～ 13岁达到峰值,在此不久之后

[1] 尹晓峰.儿童和青少年生长发育与肌肉力量发展评述.体育科研,2023,44(6):27-35.

开始来月经。男孩的主要生长期发生在12～15岁。性激素的产生主导着青春期男孩的肌肉和骨骼的许多变化。由于性激素的刺激,女生皮下脂肪增多,内分泌水平升高,胸围、臀围增大,身体重心降低;男生体型趋于均衡丰满,在体态上表现出明显两性差异。青少年时期,在全面发展身体素质的基础上,应加强力量和耐力的训练,在掌握动作技术上可以逐步提高要求。还应注意加强营养,以保证身体发育得更加健壮。青少年时期,男孩和女孩力量都在增加,大约14岁,女孩的力量开始达到稳定水平,男孩的爆发力很明显。到18岁时,男孩和女孩的力量几乎没有重叠,男性的力量生长通常更大。性别差异变得明显的确切年龄尚不清楚,任何性别差异的程度都因肌肉群和肌肉动作而异[1]。在儿童时期,性别的力量差异并不显著。然而,当男性进入青春期,其力量增长的速度会显著提升,这使得性别间的力量差异变得更为显著。随着青春期的进展,女孩在力量测试中的表现逐渐下降,与男孩的表现相当或超过男孩的比例大幅减少。特别是在16岁以后,很少有女孩能够达到男孩的平均力量水平。

力量训练的益处应该集中在个人成长、发展和成就上。家长可以为孩子做的最重要的事情是对他们的进步和成就表达出喜悦和赞赏之情。要鼓励孩子具有和自己竞争的意识,然后修改训练计划以适应每个孩子的目标和需求。要想长期坚持一种活跃的生活方式,最重要的因素是专注于进步。

综合来看,在孩子生命周期的早期阶段,生长发育和成熟是至关重要的特征。虽然我们已经分别探讨了各种影响力量发展里程碑的因素,但它们之间的相互作用是紧密相连且不可分割的。对于家长、体育教师、教练员来说,了解不同年龄和性别的青少年在执行运动任务时所采用的策略,以及他们从肌肉、神经和激素等方面所获得的适应性,是至关重要的。这些信息将为制订适合各个成长阶段的青少年的运动计划(包括系统的抗阻训练),提供有价值的参考和依据。为了确保青少年能够流畅、安全和精准地执行训练计划,他们需要不断地获得增强肌肉健康和提升运动技能的机会,这样才能实现童年时期所发展的觉察、认知、情绪、感知和动作控制子系统的协调与整合。

青少年力量训练的基本原则

青少年力量训练的基本原则,是每一位希望提升身体力量、塑造健康体魄的青少年必须掌握的关键知识。力量训练并非盲目地进行举重和锻炼,而是需要遵循

[1] CROIX M D S. Advances in paediatric strength assessment: Changing our perspective on strength development. Journal of Sports Science&Medicine, 2007, 6(3): 292–304.

科学的方法和原则,才能达到事半功倍的效果。在接下来的内容中,我们将深入探讨青少年力量训练的六大基本原则,这些原则如同指引明灯,能够帮助青少年在力量训练的道路上少走弯路,更加高效地达到自己的训练目标。

专一性原则

根据自己特定的目标有针对性地选择训练项目。这是训练原则的最基础的原则,也是设计力量训练计划的开创性原则之一,被称为响应身体刺激的专一性适应(specific adaptation to imposed demands, SAID)。例如,如果训练目标是增加最大力量,那么在训练时要适当地设置次数、休息时间以及训练频率来达到增强力量的最佳效果。如果训练目标是改善在某个专项运动中的表现,那么应该选择模拟那种运动的练习,并以与其相近的速度完成练习。这是最重要的力量训练原则之一,如果没有遵守这个原则,其他原则都毫无意义。

渐进式超负荷原则

通过不断调整训练强度,肌肉会逐渐适应并变得更强,这就是渐进式超负荷原则。为了提升训练强度,可以尝试增加重量、提高训练频次和组数,或者缩短组间的休息时间。这样持续给肌肉施加压力,不仅有助于力量的不断增长,还可以避免训练进入停滞期。如果肌肉没有持续受到超负荷的挑战,其适应性就会停止提升。例如,在训练初期,用60千克的重量做3组、每组10次的卧推可能对青少年来说是个巨大的挑战。但几周后,这样的重量可能就会变得轻而易举。若此时不改变训练参数,身体的适应性提升就会陷入停滞。为了继续提升力量,需要增加重量、训练组数和每组次数,或减少组间休息时间。

个体原则

个体原则强调,任何训练计划的制订都必须充分考虑到练习者的特定需求、目标及其个人的实际能力。以增肌为例,尽管初级和高级的健美运动员目标一致,但由于他们的训练经验和水平存在显著差异,因此他们的训练计划也会大相径庭。高级运动员为实现同样的增肌目标,往往需要承受更大的训练量和高强度的训练技巧。同样地,对于高级举重运动员来说,如果他们的目标分别是增肌和提高肌肉力量,那么他们的训练计划也会因此而有所不同。通常,以提高肌肉力量为首要目标的高级举重运动员,在训练中会选择更少的重复次数、更大的举重重量以及相对较小的总训练量。这充分体现了训练计划需要根据个体的具体需求和目标进行量身打造的理念。

变化原则

无论一个训练计划初期多么有成效，其效果都很难持久。当身体逐渐适应了为其量身打造的健身方案后，为了持续进步，就必须引入新的刺激并打破原有的平衡，以重构刺激—适应关系。通过不断变化力量训练的内容和量，才能突破"平台期"，不断提升训练效果。

保持原则

一旦个人达成自己的训练目标，就可以通过减少训练量来维持当前的力量水平和肌肉量。如果对自己目前的状况感到满意，并无意追求更高目标，那么可以降低训练频次。此时，是进行交叉训练、探索其他运动形式以促进全面身体素质发展的好时机。

可逆原则

如果中断力量训练计划，或者无法保持最基本的训练频次和强度，那么由此计划带来的力量提升和肌肉增长不仅会停滞，甚至会退化到训练开始前的状态。

总体说来，专一性原则要求训练要有针对性，明确目标，才能做到有的放矢；渐进式超负荷原则提醒，要不断挑战自己，逐步增加训练强度，才能让肌肉持续进步。个体原则强调每个人都是独一无二的，训练计划必须因人而异，量身定制。变化原则提示训练计划不能一成不变，需要适时调整，以免身体产生适应性，停滞不前。达到一定的训练目标后，如何保持成果，这就需要遵循保持原则，合理安排训练量和频次。最后，可逆原则警示力量训练是一个持续的过程，一旦中断，之前的努力就可能付诸东流。

了解并遵循这些原则，青少年们就能更加科学、安全、有效地进行力量训练，为健康成长打下坚实的基础。

青少年力量的简易评估方法

准确的体能评估，可以测评个人运动素质的长项和弱项，有助于个人制订并执行训练计划，跟踪训练进程以及激励练习者。

最大肌力测试

体能测试通常包括多种项目，其中运用最广泛的力量测试是最大肌力测试，即举起最大重复次数（RM）的重量。最大重复次数的重量，是指能够重复举起一定次数的负荷重量。例如，"1 RM"所表达的意思是"最多只能重复或连续举起1次的重量"，"10 RM"所表达的意思是"最多只能重复或连续举起10次的重量"。如用100千克的负重进行卧推练习，当竭尽全力最多只能连续推举1次时，那么这100千克就是该动作1 RM的重量。

RM力量测试是一种有效地评估肌肉力量和训练成果的方法，一般采用2～3个涉及多种肌群的多关节运动来测RM值。在进行测试时，必须先完成充足的热身活动，专业人员在测试者旁边近距离指导，保护测试者安全地执行动作，并为测试者循序渐进地增加负重。RM力量测试是一种体能消耗较高、耗时较长的测试。因为在每组动作之间，测试者都需要充分休息以恢复肌肉力量，这样测试结果才更准确。

最大肌力的测试方法

1. 做5分钟动态热身活动。

2. 用预估的最大肌力重量的50%，做5次动作。

3. 休息1分钟，用预估的最大肌力重量的70%，做3次动作。

4. 休息2分钟，用预估的最大肌力重量，做1次动作。

5. 如果能够完成第4步，休息2分钟后增加重量，再次进行第2、3、4步。应根据完成动作的费力程度来决定增加多少重量，以及是否逐渐减小增加的重量。重复进行第5步，直至无法完成一个标准动作。一般来说，需要重复3～5次步骤5，才能得到较为准确的最大肌力值。如果无法完成一个标准动作，休息2分钟后仍然无法完成，我们将这种情况视为力竭。

体能评估中常用的力量测试

体育教师和青少年体育教练，还可以用其他类型的体能评估，来对大样本量的儿童和青少年群体进行测试。这些评估方法与RM力量测试相比更容易执行，评估结果也较为准确，能够很好地帮助测试者了解自己的身体状况，从而选择更加适合自己的体育锻炼，常用的测试方法包括：

· 6～10 RM的上下肢力量测试（如蹲举、卧撑等）。

· 目标RM的测试，即训练的目标次数为几次，即进行几RM的测试（例如，训练的目标次数是12次，则通过多次试举使练习者达到"刚好能够在某种负荷下举起12次"，该重量正好为12 RM）。

· 通过测试其功能性力量（肌力与体重之间的关系）了解其力量水平。

• 上肢力量

引体向上：一个纵向拉的动作。在测试时，男性采用正手，女性用反手。每次重复，肘关节必须充分伸展，每次向上运动时，下颌要在自己的手的位置以上。

屈臂支撑：一个纵向推的动作。可以选择双杠或练习架进行测试。测试时，要求测试者下落时肩要下沉至肘以下的位置。

反向划船：一个横向拉的动作。测试时，运动员需要将双脚放于练习凳上，起始姿势时，整个身体保持平直，且身体与地面平行，每次重复，胸部必须碰到杠铃才能计数，下降时肘关节充分伸展。在完成动作时，不能有补偿动作（如髋先起、头前伸等）。

俯卧撑：一个横向推的动作。测试时，手放于肩两侧，在下沉时上臂与地面呈90°，上臂与地面平行。在完成动作时，不能有补偿动作（如臀部先起、头下勾等）。

上述四种动作，既是良好的功能力量练习方法，也是良好的功能力量测试方法。它们反映了上肢的基本动作模式：纵向推拉、横向推拉。

原则上，练习者的推拉能力需要相匹配。测试得到的这些数据可以帮助我们进行力量训练计划的设计。研究发现，引体向上的最大重复次数可以用做确定负重引体向上时的负荷。对于每组重复5次的练习来说，练习者可以开始选用他所能拉起的最大次数（比如25次）所对应的负荷（25磅，约11.34千克）。举个例子，若练习者可以做25次引体向上，那么他可以穿上25磅的沙衣做5次重复的引体向上。若每组做3次，选择的负荷则可以是最大次数的1.5倍，即37.5磅（约16.99千克）。

• 下肢力量

要安全、精确地测试下肢力量较为困难。对于青少年来说，可以采用分腿下蹲来反映下肢的肌力。

分腿下蹲动作分解：在动作的最开始，前腿的小腿与地面垂直，后腿的大腿与地面垂直，并使后腿的膝、髋、肩保持在一条直线上，后腿膝关节几乎触到地面。从此姿势蹲起，至双腿伸直的状态，为成功完成一次动作。

与蹲起（双腿）相比，测试时，练习者腰部受力更小，安全性更高。

对于抗阻训练经验少的青少年来说，最初可以采用哑铃进行测试。之后，随着年龄的增加可以采用肩负杠铃的方式进行。对于训练水平非常高的练习者，可以采用后腿高抬分腿蹲的方式测试单腿力量。

• 躯干力量

测试时，像卧撑一样趴在地上，然后屈臂，用小臂支撑身体，肘关节位于肩关节正下方，脚尖点地，全身只有前臂和脚尖与地面接触。收紧核心肌群，髋部与躯干保持上提状态，使身体处于同一平面，然后开始计时，当身体出现倾斜或明显位移时，结束计时。

此外,力量训练最重要的作用就是让青少年从小形成良好的体育锻炼习惯,而简易的力量评估能够让他们看到自己的进步,增加体育锻炼的兴趣。

青少年力量训练的收益与风险

青少年力量训练的收益

目前,青少年不活动、肥胖和患2型糖尿病已经呈现高发态势。青少年时期是个体生长发育的关键阶段,也是进行力量训练、提升身体素质的重要时期。力量训练是适合不同健康水平的青少年的流行运动方式,如果能够科学合理地安排,将会带来多方面的显著收益。

体质与健康的全面提升

青少年力量训练的首要收益是增强体质和健康。通过系统的力量训练,青少年的肌肉力量会得到显著增强,这不仅包括四肢的力量,还包括核心肌群的力量。力量的增强使得青少年在日常活动和体育运动中更加游刃有余,减少因力量不足而导致的运动损伤。

除了肌肉力量的提升,力量训练还能有效提高青少年的基础代谢率。随着肌肉量的增加,身体在静息状态下也会消耗更多的能量,这有助于控制体重、减少体脂,进而降低患肥胖、糖尿病等代谢性疾病的风险。

此外,力量训练对骨骼健康也有积极影响。青少年时期是骨骼发育的关键时期,力量训练能够刺激骨骼生长,增加骨密度,预防青少年骨质疏松症,为未来骨骼健康打下坚实的基础。

运动表现的显著提高

力量训练对于提升青少年的运动表现具有显著作用。通过力量训练,青少年的爆发力、耐力和柔韧性都会得到提高,这使得他们在参与各种体育运动时能够表现出更高的水平。

爆发力的提升使得青少年在短跑、跳跃等需要短时间内发挥最大力量的项目中取得更好成绩。耐力的增强则让他们在长时间运动中保持较高的运动强度和时间,提高比赛成绩。同时,力量训练还能改善身体柔韧性,减少运动中的肌肉拉伤等风险。

此外,力量训练还有助于提高青少年的身体协调性和运动技巧。通过训练,青少年能够更好地控制自己的身体,提高动作的准确性和流畅性,从而在各类体育比赛中脱颖而出。

身体形态的塑造与美观

力量训练能够促进肌肉生长,帮助青少年塑造健美的身体形态。通过针对性的训练,可以强化特定部位的肌肉,使身体线条更加流畅、美观。这不仅提升了青少年的外在形象,也有助于增强他们的自信心。

同时,力量训练还有助于纠正不良体态。长时间坐姿不正确或缺乏运动可能导致青少年出现驼背、高低肩等不良体态。通过力量训练中的特定动作和拉伸练习,可以有效改善这些问题,使青少年保持挺拔的身姿。

力量训练可以产生积极的影响,但是男孩和女孩所追求的结果不同。自尊与对自己身体的满意度相关联,男孩更倾向于将重点放在改变肌肉上,而女孩则对身体外形更加在意。对于女孩必须小心对待,不要向其发出导致饮食失调的信息。所谓的"芭比娃娃"身材不仅在生理上是不可能的,而且追求这种虚幻的想法还可能导致严重的健康问题。

要采取主动的方式,以更好地宣传男孩和女孩可以实现的力量训练的积极效果(例如提升肌肉功能、骨密度、运动能力和健康水平)。要避免来自社会环境的误导信息的影响(例如,部分网络媒体对于形体的不良宣传)。

心理素质与意志品质的培养

力量训练不仅对身体有益,还对青少年的心理素质和意志品质产生积极影响。力量训练需要持续努力和坚持,这有助于培养青少年的自律精神和毅力。通过定期的训练,青少年可以学会如何设定目标并为之努力,这种品质将对他们未来的学习和工作产生深远影响。

此外,力量训练还能帮助青少年建立积极的心态。面对训练中的困难和挑战,他们需要学会调整心态、保持冷静,这种心理素质的提升将有助于他们在未来面对更多挑战时保持从容不迫。

社交能力与团队合作精神的提升

参与力量训练的过程也是青少年社交能力提升的过程。在健身房或训练场上,青少年需要与教练、队友进行沟通交流,这有助于提高他们的语言表达能力和人际交往能力。同时,力量训练中的团队合作项目还能培养青少年的团队合作精神和集体荣誉感。

为未来的运动生涯打下基础

对于有志于从事体育运动的青少年来说,力量训练更是不可或缺的一部分。通过早期的力量训练,他们可以建立起扎实的运动基础,为未来的运动生涯做好充分准备。力量训练不仅能够帮助他们提升运动表现,还能够预防运动损伤、延长运动寿命。

然而,需要注意的是,青少年力量训练必须遵循科学合理的原则。训练计划应根据青少年的年龄、身体状况和运动目标进行个性化制订,避免过度训练导致身体疲劳和损伤。同时,教练和家长也应密切关注青少年的身心状况,及时调整训练计划,确保他们在安全、健康的环境中进行力量训练。

综上所述,通过科学合理的训练安排,青少年可以在体质与健康、运动表现、身体形态、心理素质与意志品质以及社交能力与团队合作精神等方面取得全面提升。这些收益不仅有助于青少年时期的健康成长,还将对他们未来的学习和生活产生深远影响。因此,我们应该积极鼓励和支持青少年参与科学合理的力量训练。

过度训练与影响恢复的因素

过度训练

• 过度训练的原因——超负荷

超负荷(overload)是力量训练中取得进步的关键,也是造成过度训练的主要原因。超负荷代表着打破体内平衡和引发适应状态所需的训练负荷。想要取得进步,必须使生理系统受到扰动,在力量训练中,这个扰动就是更大的重量、更大的训练量(由组数和重复次数确定),或者对中级练习者和高级练习者来说,可以是更短的组间休息时间。通过训练,将超负荷施加在生理系统上,以特定的方式打破体内平衡,这个过程被称为超负荷活动。对初级练习者来说,每次训练都构成一次超负荷活动。对中高级练习者来说,在1周或更长的训练时间内,所有加码的要素共同构成了超负荷活动。但如果身体无法从一次超负荷活动中得到恢复,超负荷就无法产生进步。缺乏充分恢复的超负荷活动会引起过度训练。

• 过度训练的表现——疲劳

在运动生理学中,疲劳通常被定义为肌肉生成力量能力的下降。疲劳可以仅仅是身体活动后产生的简单和短暂的"疲惫感"。在最基本的刺激——恢复过程中,初级阶段的疲劳应当经过48 ~ 72小时得到恢复。中级练习者的疲劳要素会在完成一个完整的训练周后出现。对高级练习者来说,完全恢复至超量恢复状态可能会在疲劳仍存在的状况下出现,而且可能需要1个月甚至更久。对中高级练习者来说,每次训练开始时完全感觉不到疲劳并不现实,也不需要这样。

判断过度训练的首要指标是,在进行了通常足以恢复的休息之后,运动表现仍然没有提高。如果一个练习者持续感受不到疲劳,那说明训练计划不够严格,无法引发体内平衡的扰动和适应状态的产生。

• 过度训练的后果——停滞或退步

过度训练是任何训练计划的灾难。当训练刺激超过身体适应能力的上限时，练习者不仅会停滞不前，甚至可能退步。用术语描述就是，过度训练的运动员进入了塞利第3阶段。训练量或训练强度与身体恢复之间出现了失衡，从而导致练习者无法从刺激中恢复，超量恢复也不会发生。疲劳的影响很大，以至于恢复过程受到影响，甚至无法得到恢复，导致持续疲劳，甚至疲劳程度加剧。运动表现会一直保持初始超负荷后的低迷状态，并随着训练的继续进一步下降。最终的结果就是无法训练，无法表现出原有的水平。

过度训练也是初级练习者与高级练习者之间显著的差别之一。练习者水平越高，过度训练的代价就越大。过度训练是练习者没有真正理解并在训练中正确运用刺激—恢复—适应理论的后果，也是没有对自身训练水平和进步情况进行正确评估的后果。对非初级的练习者来说，过度训练的征兆一旦显现，症状会非常严重：运动表现明显下滑、睡眠质量差、慢性疼痛增多、情绪异常波动、慢性的心率升高、食欲不振、体重下降以及其他各种生理和心理异常。一旦确认了过度训练，采取补救措施刻不容缓。

影响恢复的因素

除了平衡训练和休息的时间外，恢复的质量还受到多种因素的深刻影响，其中，保证足够的睡眠以及饮食中适量摄取的蛋白质、热量、水和微量营养素显得尤为重要。然而，这些关键因素并非由教练直接控制，而是掌握在练习者自己的手中。一个出色的教练会向练习者阐明这些元素的重要性，并定期强调它们对于训练效果的关键作用，目的是让练习者意识到自我管理和责任承担的重要性。如果练习者无法有效地履行自己的职责，那么即便有最顶尖的训练计划作为指导，也难以达到预期的成果。事实上，任何训练计划的成功都深深地依赖于练习者个人的责任感和自律精神。

• 睡眠

尽管睡眠的重要性显而易见，但在身体需求和训练强度增加的阶段，教练和练习者却常常容易忽视睡眠的必要性。无论我们如何强调睡眠在力量训练中的关键作用，都不为过。实际上，睡眠可能是我们所能控制的对训练效果影响最大的因素之一。确保足够的睡眠对于身体的恢复、力量的提升以及整体训练效果都至关重要。

· 恢复期间缺乏充足的睡眠会导致竞争能力、决断能力以及对训练强度的承受度下降。

· 缺乏充足的睡眠对情绪有负面影响，导致主观疲劳感增强、抑郁症状加重，甚至导致轻微的认知混乱。

·缺乏充足的睡眠会导致身体响应训练刺激产生适应状态的生理能力下降。那么需要睡多久呢?

建议每晚睡7~8个小时来保持"持续的运行状态"。睡眠的目的就是调整身体进入恢复状态。睡眠时间越长,恢复质量就越高。晚上11点上床、早上7点起床或许无法保证8小时的睡眠。实际一点的做法是,额外增加一些时间来应对入睡的任何延迟,以此保证8小时的睡眠。

• 蛋白质

肌肉蛋白质合成指的是构建新肌肉组织的过程,这一过程需要从日常饮食中获取蛋白质和碳水化合物(碳水化合物能够通过协同作用促进这一过程)。有效的训练刺激会不可避免地导致肌肉蛋白质的分解,因此,肌肉要从刺激中恢复并生长,关键依赖于肌肉蛋白质的合成速度快于分解速度。换言之,蛋白质的合成必须快于其降解,即合成代谢或构建过程必须快于分解代谢或降解过程。

如果从饮食中无法充分获取其他蛋白质合成(用于维持或修复受损组织)所需的营养,身体就会从自身的蛋白质储备中抽取,而现有的肌肉量则成为现成的蛋白质来源。在长期饥饿或持续受到刺激的状态下,肌肉量减少是一个正常的现象。在这种情况下,身体实际上是在牺牲某些部分以维持其整体功能。值得注意的是,即使没有足够的食物来源的蛋白质和碳水化合物,训练刺激仍然会对身体产生影响。

为了确保身体能够合成新的蛋白质,练习者必须从饮食中摄入充足的蛋白质,从而为身体提供必要的构建材料。如果未能做到这一点,新的肌肉蛋白质合成过程将受到阻碍,这实际上会削弱训练效果,浪费宝贵的精力。

那么,为了支持训练,我们到底需要多少蛋白质呢?

已发表的文献中关于蛋白质的推荐量范围较大,最高建议可达每天每千克体重2.5克蛋白质。对于一些青少年来说,精确的计算可能较为烦琐,尤其是涉及磅和千克之间的单位转换。然而,力量训练界多年来一直采用一个简单的方法来确保蛋白质的摄入,即每天每磅体重摄入1克蛋白质。例如,一个体重为200磅(约合90.7千克)的青少年,每天应通过各种食物来源摄入200克蛋白质。这一摄入量相当于每天每千克体重摄入约2.2克蛋白质,虽然略高于普遍推荐的每天1.2~1.8克/千克体重的摄入量,但仍低于文献中建议的最高摄入量每天2.5克/千克体重。这样的计算方法确保了即使摄入量稍有不足,也能满足身体完全恢复的需要。但值得注意的是,这种方法没有特别考虑瘦体重,它假设身体构成已经处于"正常"范围。因此,体脂率较高的青少年在计算蛋白质摄入量时,应特别注意并认真考虑这一点。

• 热量

训练期间会消耗热量,这些热量多数来自身体的碳水化合物和脂肪储备,所以,针对训练后恢复的要求就是,增加热量摄入来填补训练的消耗。训练产生热量需求有两个原因:① 任何形式的、任何训练量和训练强度的训练都会消耗一部分身体的能量储备,这些消耗的热量必须在下一次活动之前予以补充;② 强度足够的训练会打破体内平衡以及肌肉结构的完整性,从而产生对蛋白质和脂肪/碳水化合物的热量需求,以促进修复和恢复。

• 水分

为了从高强度的力量训练中恢复体力,摄取足够的水分是至关重要的。这是因为人体内的绝大多数生物化学过程都依赖于水环境。缺乏水分会导致运动表现下降,严重时甚至可能引发灾难性的后果。随着人体代谢率提升,对水的需求也相应增加。同时,增加肌肉内的能量储备,如ATP、磷酸肌酸和糖原,也会提高对细胞内水分的需求。只有在细胞水分充足的情况下,合成代谢才能顺利进行。特别是多核肌肉细胞,在缺水状态下,其蛋白质合成速度远低于水分充足时。肌酸补剂促进肌肉增长的一个方式就是提高细胞内的水分含量。

那么,为了恢复和避免过度训练,青少年练习者需要摄取多少水分呢?

一种观点常被提及,即按照"8×8"法则来摄取水分:每天喝8杯水,每杯8盎司(约236.6毫升),总计约1.9升。但值得注意的是,这个建议并非基于科学研究,而是源于1974年一位临床专业人士的营养学观点,随后这一观点逐渐演变成了广为接受的临床建议。然而,大多数研究指出,每天摄取1.2 ~ 1.6升的水就足以满足一个健康且适度锻炼的人的需求。当然,具体的水分需求量还需根据环境条件和个体情况来调整。

对于进行高强度力量训练的人来说,他们的水分需求量会显著增加。一个实用的方法是,根据热量消耗来计算水分摄入,通常建议每消耗1 000千卡(1千卡 = 4186.8焦)热量就摄取1升水。例如,如果一个人一天消耗了5 000千卡热量,那么他需要摄取5升水。尽管这个量看起来很大,但考虑到高强度力量练习者的需求,这是合理的。不过,也要注意避免过量饮水,以防引发低钠血症等健康风险。

最后,关于补充水分的选择,虽然纯水是最好的选择,但其他含水的饮品,甚至含水量高的食物,只要其提供的水分多于代谢所需,都可以作为有效的水分来源。因此,在补充水分时,我们可以选择多样化的饮品,不必局限于纯水。

• 维生素和矿物质

维生素和矿物质对于力量训练的恢复具有重要影响。虽然人们普遍认为普通的饮食就能提供足够的营养,但实际上,很少有人能够确保自己摄入了充足的维生素和矿物质。这些微量营养素对体内的生化反应有重要作用,对神经、肌肉的生理功能和运动表现都至关重要。尤其是长期缺铁、缺钙等会影响训练后的恢复。钙对于神经传导、肌肉收缩以及骨骼健康都至关重要，缺钙会限制训练后的恢复速度。同样，铁在氧气输送和能量代谢中起着关键作用，缺铁可能导致恢复能力下降。

为了获取足够的维生素和矿物质，我们需要摄入多样化的食物。然而，由于现代生活的便利性和口味偏好，人们往往选择有限的食物种类，并且这些食物在加工过程中可能会损失一部分营养。因此，尽管运动员的饮食中维生素和矿物质含量可能不至于引发缺乏症状，但可能仍无法达到最佳恢复所需的水平。

营养补剂可以作为一种安全、有效且经济的补充方式，确保训练和恢复所需的维生素和矿物质得到充足供应。此外，采用"铲子方法"，即摄入大量食物并排出多余部分，也是一种值得尝试的策略。对于高强度练习者来说，维生素中毒的风险极低，因此这种方法相对安全。

总之，为了确保力量训练后的最佳恢复，练习者应关注维生素和矿物质的摄入。通过多样化饮食和适当使用营养补剂，可以满足身体对这些微量营养素的需求，从而促进训练后的恢复和提高运动表现。

力量训练中的意外损伤及预防

由于青少年的身体结构和生理机能尚未完全成熟，他们在进行力量训练时可能面临一些特殊的挑战和风险。因此，了解青少年力量训练中的意外损伤及其预防和处理方法显得尤为重要，确保青少年在力量训练中既能获得健康和技能上的益处，又能最大限度地降低受伤的风险。

了解青少年生理特点

青少年的骨骼、肌肉、韧带等组织仍在发育中，这意味着他们的身体可能不如成年人那样强壮和成熟。在这个阶段，青少年的骨骼生长速度快于肌肉，导致肌肉和韧带可能无法提供足够的支持，从而增加受伤风险。因此，训练计划应该考虑到这些生理特点，避免过度负荷和不适合的训练动作。

识别常见损伤类型

青少年在力量训练中可能遭受的损伤包括但不限于肌肉拉伤、关节扭伤、韧带撕裂、应力性骨折和生长板损伤。这些损伤通常发生在高强度或重复性活动中，尤其是在没有适当热身和恢复的情况下。

实施全面的预防措施

适度训练：根据青少年的体能和成熟度调整训练强度,避免超出其身体能力。

技术指导：由经验丰富的教练提供正确的动作指导,确保技术的正确性。

热身和拉伸：训练前进行充分的热身,包括有氧运动和动态拉伸,以及训练后进行静态拉伸。

恢复时间：确保青少年有足够的时间进行身体和心理恢复,避免过度训练。

装备保障：使用适合青少年体型和力量水平的训练设备,并确保所有设备安全、维护良好。

损伤的即时处理

保护受伤部位：受伤发生时应立即停止训练,保护受伤部位免受进一步损伤。

冰敷：在受伤后的24 ～ 48小时内,定期使用冰敷以减轻肿胀和疼痛。

压迫和抬高：使用弹性绷带进行压迫包扎,并在可能的情况下抬高受伤部位。

专业医疗：尽快就医,确保获得适当的诊断和治疗。

增强意识

教育青少年：向青少年传授正确的训练知识,包括如何识别过度训练的迹象和遵循适当的训练程序。

家长和教练培训：为家长和教练提供有关青少年生理发育和运动损伤预防的培训。

建立安全文化：在训练环境中建立一种鼓励安全、健康训练的文化,避免过度竞争和压力。

通过这些详细的措施,可以最大限度地减少青少年在力量训练中的意外损伤风险,同时帮助他们在安全的环境中发展力量和体能。

青少年力量训练的注意事项

青少年的身体和心理都处于快速发展变化之中,这使得他们在进行力量训练时需要特别注意一些关键的事项,确保青少年能够在一个安全、健康的环境中进行训练,促进其全面成长和发展。

专业指导

青少年在力量训练中需要专业教练的指导,这些教练不仅需要具备运动训练的专业知识,还应了解青少年生长发育的特点。专业教练能够设计出符合青少年生理和心理发展阶段的训练计划,确保训练的安全性和有效性,并在训练中提供正确的动作示范和反馈,帮助青少年建立正确的训练习惯。

个体差异

每个青少年的生长发育速度、身体条件、运动技能和个人兴趣都有所不同。因此,训练计划需要针对个体差异进行个性化设计,确保训练内容和强度能够适应每个青少年的具体情况,同时要考虑他们的运动背景和目标,以提高训练的针对性和效果。

逐步增加负荷

青少年的力量训练应该从低强度开始,随着他们对训练的适应和身体能力的提高,逐步增加训练的难度和强度。这种渐进式的负荷增加有助于避免肌肉和关节的过度负荷,减少受伤风险,并促进肌肉力量的稳定增长。

正确的技术

正确的动作技术对于预防运动损伤至关重要。教练应确保青少年在进行力量训练时,能够正确地执行每一个动作,包括正确的呼吸技巧、身体姿势、动作幅度和速度控制。此外,教练还应教授青少年如何感知身体的反应,以便在感到不适时及时调整动作。

以最常见的上肢力量训练技术——俯卧撑为例。很多人练俯卧撑会不知不觉掉进一个陷阱:只在乎俯卧撑的数量,而忽略了俯卧撑的质量,但只有高质量的俯卧撑才能起到良好的训练效果。

常见错误一:塌腰

塌腰是在俯卧撑动作当中最为常见的问题,其根源在于核心力量比较薄弱,胸部手臂以及肩部力量不足。

纠正:在能力不足以完成标准俯卧撑之前,练习者可以降低难度,从跪姿动作开始练习,并且在练习过程中集中注意力,保持腹部收紧、背部挺直,然后在此基础上完成动作。

常见错误二：手臂与躯干夹角过大

很多初学者在动作过程中会使双臂平行打开，使手臂与躯干垂直，夹角过大会导致肩部负担过大，如果在能力比较薄弱的情况下很容易导致肩关节受伤。

纠正：一般来讲，大臂与躯干夹角在45°左右，这样才能使胸部和肱三头肌充分发力，避免肩关节受力过大造成损伤。

常见错误三：耸肩

许多人在做俯卧撑时，常常会出现耸肩现象，这样会使斜方肌受力，从而减少胸部或手臂的压力。

纠正:在做每个俯卧撑动作时,都先把肩膀向身体后方拉,使肩膀远离耳朵,并使其稳定和锁定位置。

常见错误四:动作幅度过小

动作幅度过小,会导致肌肉收缩的幅度变短,肌肉的锻炼效率也就降低了。

纠正:下降幅度的最低要求是肩膀低于肘关节。如果是力量不足,最好改用难度较低的俯卧撑形式。

热身和拉伸

热身和拉伸是每次训练的重要组成部分。热身活动可以提高肌肉温度,增加关节灵活性,减少受伤风险。动态拉伸有助于准备肌肉进行接下来的训练,而训练后的静态拉伸有助于放松肌肉,促进恢复。

适当的恢复

青少年的身体在训练后需要时间进行恢复,这对于肌肉的生长和修复至关重要。适当的恢复包括充足的睡眠、合理的营养摄入以及适当的休息时间。过度训练不仅会增加受伤风险,还可能影响青少年的生长发育。

使用合适的器材

使用适合青少年体型和力量水平的训练器材对于确保训练安全至关重要。训练器材应适合青少年的身体尺寸,易于操作,且维护良好,以减少使用不当导致的损伤。

监测生长发育

定期监测青少年的生长发育情况,如身高、体重、力量和耐力的变化,可以帮助教练及时调整训练计划,确保训练内容与青少年的身体发展阶段相匹配。

教育和沟通

对青少年及其家长进行有关力量训练的教育,包括训练的重要性、正确的训练方法、潜在的风险以及如何安全地进行训练。良好的沟通可以帮助青少年和家长理解训练的目的和过程,提高他们的参与度和训练效果。

损伤预防和处理

教授青少年如何预防运动损伤,包括正确的训练方法、适当的热身和拉伸,以及在受伤时如何正确处理。青少年应该了解,在感到疼痛或不适时应立即停止训练，并寻求专业医疗帮助。此外，教练和家长应该具备基本的运动损伤急救知识，以应对突发情况。

通过这些详细的注意事项，可以为青少年提供一个安全、有效的训练环境，帮助他们在力量训练中获得最佳的健康和运动表现。

美国儿科学会、美国国家体能协会、美国运动医学骨科学会对青少年力量训练的观点与建议：

1. 需要采用适当的训练和保护技术。

2. 所有训练都必须有适当的监督。

3. 应该为每个练习者提供个性化训练。

4. 阻力应控制在6 RM以内，而最大举重重量应该仅用于研究目的。

5. 要加入热身运动和整理运动。

6. 频率、强度和时间长度应循序渐进地增加。

7. 力量训练应该作为健身训练计划的一部分，而健身训练计划还要包括有氧训练、柔韧性训练和营养咨询。

8. 儿童青少年应该先由医生进行体检，合格之后才能参与力量训练计划。

9. 儿童青少年不应采用成人的力量训练计划，而是采用专门为其年龄和需求而设计的训练计划。

10. 儿童青少年应该自愿参与锻炼计划，应该具有相应的心智成熟程度，能了解他们在做什么以及为什么要做。

第 4 章

青少年力量训练计划

在青少年进行力量训练这一充满挑战的旅程中,制订一个科学、合理且个性化的训练计划,无疑是一把开启成功之门的钥匙。然而,没有计划的训练如同盲目航行,不仅难以达到预期效果,还可能因方法不当导致运动伤害,影响青少年的健康成长。因此,强调制订训练计划的重要性,就是为了确保每一步都走在正确的道路上,让青少年的力量训练之旅既安全又高效,为他们未来的全面发展奠定坚实的基础。

训练计划基本变量

每次训练至少包含7种具体变量:动作选择、练习顺序、重复次数、训练组数、组间休息、训练频率、动作速度等。练习者必须认真地调整这些变量,使训练强度与自己目前的训练水平相适应,并启动获得身体适应状态的过程。训练变量的这种系统性变化促进了周期化训练计划的形成。

动作选择

虽然所有敏感变量对练习者的进步都是至关重要的,但是动作的选择无疑是其中最重要的。因为动作的选择与要锻炼的肌群密切相关,如果你没有锻炼到相应的肌群,那么其他变量就没有多大意义了。简而言之,没有得到锻炼的肌肉不能从训练计划中获益。因此,为了制订一个有效的力量训练计划,首先要做的是为每次训练选择合适的动作。

如果增强肌肉力量是训练的目标,那么首先要把训练中所有的动作划分为基本练习动作和辅助练习动作,表4.1列出了常见的基本练习动作和辅助练习动作。基本练习是达成个人目标所必需的特定练习,这些动作必须锻炼到以增强肌肉力量为目标的肌群。

表4.1 青少年力量中常见的基本练习动作和辅助练习动作

基本练习动作	辅助练习动作
力量翻	伸膝
硬拉	腿弯举
深蹲	胸部飞鸟
腿举	三角肌侧平举
卧推	肱二头肌弯举
引体向上	提踵
杠铃划船	卷腹

基本练习动作通常是卧推、深蹲和硬拉这样的多关节动作。这些动作需要多个肌群协同完成。因为做这些动作时要用到若干大肌群，所以练习者往往能够举起很大的重量。例如，硬拉和深蹲的世界纪录分别超过了900磅（408.2千克）和1 100磅（498.9千克），而经常作为典型辅助练习被使用的肱二头肌杠铃弯举的世界纪录不超过400磅（181.4千克）。因为基本练习要动员大量肌群协调完成，所以要在这些肌群还没有感到疲劳的时候率先完成基本练习。辅助练习动作通常是像肱二头肌弯举、肱三头肌臂屈伸和三角肌侧平举这样的单关节动作。这些动作一般只用到了单一的肌群，所以在这些练习中使用的器械比在基本练习中使用的器械轻得多。此时，主要的目标肌群经过基本训练已经相当疲劳了，这些辅助练习可以帮助强化训练效果。但核心区（主要指腹部和下背部的深层肌肉）训练是个例外，它不符合辅助练习属于单关节练习的惯例。核心区训练涉及复杂的动作模式，包含了多关节的动作和迫使核心区的深层肌肉组织发挥作用以稳定身体的动作。

在挑选单次训练的练习内容时，健身器械的选择也是一个重要考量因素。虽然自由重量通常用于完成基础训练，但其他类型的器械同样有其独特的价值。实际上，选择哪种器械取决于具体训练目标。例如，当练习者需要模拟在相对水平面上进行的动作（如挥动网球拍）时，自由重量可能不是最佳选择，因为它主要提供垂直方向的阻力。在这种情况下，使用阻力绳或拉力器会更为合适。

练习顺序

在青少年力量训练中，练习顺序是一个不容忽视的重要变量。对于初级练习者来说，首要考虑的是基础力量的建立，因此，深蹲等基础动作应当被优先安排。这样的顺序有助于练习者稳固力量基础，为后续更复杂的训练动作打下坚实基础。同时，在类似发力肌群的动作之间，穿插进行不同肌群发力的动作，如深蹲后安排卧推或推举，能有效促进肌肉恢复，确保训练效果最大化。

然而，随着练习者水平的提高和训练目标的改变，练习顺序也需要相应调整。若主要目标是提高爆发力，如为了举起更大的重量或提高投掷的远度，则应首先进行爆发力动作的训练，如抓举、翻举等，以确保在无疲劳状态下精准完成这些技术动作。这是因为爆发力动作对精确度要求极高，而疲劳会严重影响动作的完成质量。

因此，在制订青少年力量训练计划时，必须充分考虑练习顺序对训练效果的影响。合理安排练习顺序，不仅能有效提升训练效果，还能减少运动损伤的风险。

重复次数

有组织的训练计划通常基于"最大重复次数"或个人纪录（personal record，PR）。

在力量训练中,1 RM被定义为最大重量,所有低于此重量的测试重量均被视为次大重量(sub maximum)。通常,5 RM的重量可达到1 RM的85% ~ 90%,因此也被视为次大重量。尽管能完成5次重复的最大重量已经相当重,但相对于1 RM而言,它仍属于次大重量。需要注意的是,没有哪种单次组的训练计划能同时实现所有训练目标。每组的重复次数至关重要,因为不同的重复次数会激发不同的身体适应状态,重复次数和训练效果的关系如图4.1所示。这是训练计划中的一个核心原则,但常被缺乏相关知识的人忽视,甚至有时也会被专业人士误读。

图4.1 重复次数和训练效果的关系

不同的重复次数有着不同的训练效果,练习者的重复次数安排和目标相匹配十分重要

力量是产生力的能力。要产生强大的力量,需要大重量的刺激;而要产生最大力量,则需要达到1 RM的刺激。因此,使用1 RM的90% ~ 100%重量,通过单次、2次和3次重复的训练组来完成训练,可以实现最高水平的发力过程,有助于形成最大力量。事实上,如果练习者想要动员尽可能多的运动单元收缩,就必须进行1 RM的训练,因为这是实现这一目标的唯一方法。

增肌训练则通常采用较多的重复次数(8 ~ 12次)和较小的重量(1 RM的65% ~ 80%),同时限制组间休息时间。这样做可以使下一组训练在肌肉疲劳和血流受限的状态下进行,从而产生所谓的"泵感"。在训练组时间较长的情况下,输送血液至肌肉的血管可能会被膨胀的肌肉挤压、闭合,形成阻塞。这会阻止分解产物被及时移除,从而延长其在阻塞组织中的作用时间,进而增强阻塞区域生长和修复因子的信号。

然而,对于青少年练习者来说,最快的增肌时期通常发生在初级训练的最初阶段。在这个阶段,通过每组5次重复的训练可以尽可能地使身体变强壮,同时使肌肉变大。力量和肌腹横截面面积成正比,肌肉产生更多收缩力量的方式是长出更多的肌原纤维,使肌肉变得更大。因此,更强壮的肌肉体积也更大。对新手而言,每组12次重复的训练效果不如每组5次重复的训练来得快和有效。所以,在这种特定又常见的情况下,3组、每组5次重复的训练产生的增肌效果要优于那些已经度过了这个阶段的高级健美运动员所使用的计划。由此可见,每组安排5次重复是非常实用的。

使用1 RM的50% ～ 75%的重量允许大多数人在完成每次重复动作时发展最大爆发力。这个范围与大部分人的翻举重量占到硬拉1 RM的百分比相同,这并非巧合。

需要强调的是,每组5次重复已被证明是最实用的力量训练重复次数。无论是初级练习者还是世界级的运动员,都会采用每组5次重复的训练方式。这种安排允许使用足够大的重量以产生有效的力量刺激,同时降低了使用接近1 RM重量时可能带来的受伤风险。与每组单次的训练相比,这种安排更适合一般性的训练目的,因为更多的重复次数有助于磨炼技巧。足够多的重复次数使教练有机会在完成训练组的过程中为其提供有效的指导;练习者也可以纠正错误并完全融入动作模式中,从而实时地提高技巧。当以这种安排完成3 ～ 5个训练组时,累积的训练量和训练负荷足以有效地刺激耐力和肌肉的增长。基于这些原因,练习者会在整个运动生涯中都采用每组5次重复的训练安排。

训练组数

许多国家和运动认证机构普遍推荐,无论运动目标如何,每个锻炼动作应练习1 ～ 3组(重复组)。这种做法被视为一种基础的锻炼方式。这种方式被广泛接受,主要是因为它相较于完全不运动有明显的益处,特别是对于初学者而言,能够带来一定的进步。然而,若希望获得更显著的训练效果,那么根据明确目标设计的组数将更为有效。

对于普通练习者,完成1 ～ 3组,每组8 ～ 12次的重复训练完全能满足其健身目标,但对于追求提高力量和爆发力的练习者来说,这样的训练量就显得远远不够了。与训练的其他要素一样,组数的设定需要能产生促进适应性变化的代谢效果。由于训练刺激是累积的,因此单一组别的训练无法达到多组训练所带来的刺激效果。如果练习者只需要一组训练就能产生适应性变化,那可能意味着他们的训练时间不长。随着训练水平的提高,练习者需要更大的刺激才能打破体内平衡。无论训练的难度、持续时间或重量如何,单一组别的训练都不足以刺激已有一定适应性的练习者产生新的力量适应。当练习者度过初始阶段后,他们需要累积的刺激才能产生适应性变化,而且这需要每次训练都完成多组。此外,训练的复杂性也需要与这种状态相匹配,这就需要比单一组别的力竭训练、20次重复的训练或其他类型的单一组别训练更复杂的训练计划。

在谈论组数时,还需要区分热身组和正式组。热身组使用较小的重量,为接下来的大重量训练做准备,而正式组则是真正实现训练目标的组别。热身组的主要目的是为正式训练做好组织和运动通路的准备,因此不应训练到力竭或干扰正式组的程度。如果安排得当,热身组不应计入正式训练的一部分,因为其使用的重量较小,无法单独产生适应性变化。正式组是在每次训练中产生主要训练效果的大重量训练组,它们提供了产生适应性变化的必要刺激。

组间休息

在训练中,组间休息是一个不可忽视的关键因素。组间休息时长应控制在30秒至2分钟之间。然而,如果训练的主要目标是增强力量,那么休息时间超过2分钟不仅是可行的,而且是十分有必要的。虽然无氧运动后,身体会迅速开始部分恢复,但全面恢复却需要更长的时间,这取决于多种个体化因素,如训练强度、个人的疲劳程度和营养状况、年龄、训练时的环境温度以及是否存在伤病等。

此外,合理安排热身组和正式组之间的休息也至关重要。热身组的主要功能是为正式组的训练做准备的,必须明确好两者之间的关系。对于重量较轻的热身组,不足以导致显著疲劳,可以做为下一组增加重量的准备时间。随着训练重量的增加,热身组之间的休息时间也需要相应延长。重要的是要明确,热身组是为了更好地辅助正式组,而非干扰其效果。例如,如果热身组后紧接着是3组高强度的正式训练,那么迅速完成多达15组的、重量仅略低于正式组的热身训练,反而可能会因为过度疲劳而影响正式组的训练质量。

训练频率

一些国际运动组织对训练频率给出过指导建议,如美国运动医学会建议增强"肌肉健康"的练习者每周应进行至少2次训练。然而,在实际操作中,许多体育俱乐部设计的训练计划是每周3次。

训练频率过低也无法为身体提供足够的刺激,从而无法产生积极的训练效果。例如,"分部位"训练是一种常见的训练方式,即每天针对不同的身体部位或肌群进行训练。然而,如果每周只针对某一部位进行一次训练,那么该部位所受到的刺激显然是不够的,无法形成有效的超负荷训练,从而也无法达到最佳的训练效果。

动作速度

在力量训练中,动作速度的重要性不容忽视。传统的观点认为,重量训练应该以慢速进行,以增加肌肉做功量和促进肌肉增长。然而,这种观点忽视了功率输出的关键性,即力量的快速表达。功率输出的提高依赖于快速动员最大量的运动单元并同步收缩,这是快速动作所能带来的独特优势。

在力量训练中,快速动作不仅能动员更多的运动单元参与做功,还能促使更多肌纤维参与发力过程,从而更有效地刺激肌肉增长。相反,慢速动作往往只动员低阈值的运动单元,其代谢需求相对较小,且训练效果有限。

动作速度的选择并非仅基于随意的强度或安全概念,而是应基于想要达到的动作效果和动作模式。例如,奥林匹克举重等需要快速动作的动作,其训练时必须保持一定的速度以完成技术动作。同时,动作速度也受重量和动作性质的影响,但无论如何,快速动作在力量训练中的价值不容忽视。

其他因素

在制订力量训练计划时,还需要综合考虑热身、拉伸以及训练日志等其他因素的影响。

热身是训练前的重要准备活动。有效的热身应当与即将进行的力量训练内容相匹配。热身的目标是提高肌肉和神经肌肉的准备状态,包括提升肌肉和相关组织的温度以增强其灵活性和减少受伤风险,同时提高肌肉的收缩能力并熟悉动作模式。推荐的热身方式如单车或划船机练习,能够快速提升体温并让身体为接下来的训练做好准备。

传统观念认为训练前拉伸可以提高柔韧性和减少伤病,但现代科学研究对此提出了新的观点。研究表明,训练前拉伸并不一定能有效降低伤病频率或显著提高柔韧性。相反,适当的热身活动被证明是更有效的柔韧性提升方法。在负重状态下完成最大幅度的动作可以为肌肉提供拉伸刺激,特别是针对那些特别紧张的肌肉群。建议在训练后进行拉伸,这时肌肉已经充分预热,拉伸效果更佳且不会影响运动表现。

最后,记录训练日志对于运动训练至关重要。训练日志不仅是训练历史的记录,更是评估训练效果、发现潜在问题和调整训练计划的重要依据。通过记录每一次训练的感受、发现的有用提示以及其他主观信息,练习者可以更好地理解自己的身体反应和训练进度。同时,记录与恢复相关的信息如睡眠和饮食等,也有助于优化训练效果和促进身体恢复。

新手效应及其突破方法

在青少年力量训练中,新手效应是一个被广泛关注的现象。它是指青少年初级练习者在开始进行系统训练后,无论采用何种训练计划,其身体能力和运动表现都会出现显著提升的情况。这一现象的出现,主要是因为青少年新手在训练初期,其身体对于训练刺激具有较高的敏感性,能够迅速产生生理适应,从而提升运动表现。然而,随着训练的深入,新手效应会逐渐减弱,练习者需要寻找新的突破方法来持续提升。

新手效应的表现与原因

新手效应在初级练习者中表现得尤为明显。这些练习者在开始力量训练后,往往会经历一段快速的进步期。在这一阶段,他们的肌肉力量、耐力和爆发力等都会得到显著提升。这种提升不仅体现在训练数据上,也反映在练习者的身体形态和体能状态上。新手效应的产生,主要归功于身体对于新刺激的快速适应能力。在训练初期,身体为了应对新的运动负荷,会迅速调整生理机制,增加肌肉纤维的数量和大小,提高神经系统的兴奋性,从而增强运动表现。然而,随着身体逐渐适应训练刺激,这种快速的进步速度会放缓,练习者需要寻找新的方法来推动自己的进步。

新手效应的突破方法

要突破新手效应带来的进步瓶颈,练习者需要采取一系列策略来优化训练计划和提高训练效率。

• 逐步增加训练强度和复杂度

随着身体对训练刺激的适应,练习者需要逐步增加训练的强度和复杂度,以提供持续且足够的刺激来促进身体的进一步适应。这可以通过增加重量、组数、减少休息时间或引入新的训练动作和模式来实现。

• 注重技术细节的改进

正确的动作技术不仅可以提高训练效率,减少受伤风险,还能帮助练习者更好地激活目标肌群,提升训练效果。因此,练习者应该仔细研究并练习每个动作的技术细节,确保动作的准确性和有效性。

• 实施周期化训练计划

周期化训练是一种有效的突破新手效应的方法。通过系统地安排不同阶段的训练重点和目标,周期化训练可以帮助练习者在不同的训练周期中集中发展特定的身体能力,从而实现全面的进步。

• 合理搭配营养与休息

营养和休息是身体恢复和适应的重要因素。练习者应该确保摄入充足的蛋白质、碳水化合物和其他关键营养素,以支持身体的能量需求和肌肉修复。同时,合理的休息时间可以帮助身体更好地恢复,降低过度训练的风险。

• 保持积极心态与持续动力

力量训练是一个长期且富有挑战性的过程。为了保持持续的动力和进步,练习者需要设定明确的目标,并保持对成功的渴望和追求。同时,积极的心态也能够帮助练习者更好地应对训练中的困难和挑战。

青少年力量训练的基础模型

青少年力量训练的基础模型是构建在科学性、系统性以及个性化训练原则之上的综合体系。这个模型旨在确保训练计划既安全又有效，能够满足青少年在生长发育期间特殊的生理和心理需求。以下将详细阐述青少年力量训练的基础模型。

训练前的评估与准备

在开始任何力量训练之前，对青少年进行全面的身体评估至关重要。这包括评估他们的身体健康状况、力量水平、柔韧性、协调性以及任何潜在的运动限制。通过评估，教练可以了解个体的差异，并为每个青少年制订个性化的训练计划。

此外，准备活动也是训练前不可或缺的一部分。适当的热身和拉伸可以帮助预防运动损伤，提高肌肉的灵活性和关节的活动范围，为接下来的力量训练做好准备。

训练目标与计划制订

明确训练目标是制订有效力量训练计划的关键。对于青少年来说，目标可能包括增强体质、提高运动表现、塑造身体形态等。根据这些目标，教练需要制订一个系统且富有挑战性的训练计划。

训练计划应该包括训练的频率、强度、时间和类型。青少年的力量训练应以中低强度为主，避免过度负荷对生长发育造成不良影响。同时，训练时间也应适中，以免过度疲劳。训练类型应多样化，包括自由重量训练、机器训练、自重训练等，以全面发展青少年的力量素质。不同的年龄段要匹配不同的训练目标和计划（表4.2）。

表4.2　训练目标与计划制订

年龄段	训练目标与计划制订
7岁及以下	向儿童介绍基本的训练，使用较轻的重量或者不添加额外重量；培养力量训练的观念；教授训练技术；从个人自身体重到搭档间配合，再到轻器械力量训练，循序渐进；保持较低的训练量
8～10岁	逐渐增加训练的次数；开始逐步增加训练负荷；保持简单的训练；逐渐增加训练量；仔细监测训练压力的耐受程度
11～13岁	教授基础训练技术；继续逐步增加每项训练的负荷；强调训练技术；加入更加高级的训练，不使用阻力或者仅使用少量阻力

年龄段	训练目标与计划制订
14～15岁	采用更加高级的青少年力量训练计划；加入针对特定体育运动的练习；强调训练技术；增加训练量
16岁及以上	已经掌握了所有背景知识而且有了基础训练经验之后，可以参加入门级成人训练计划

核心力量训练

核心力量是青少年力量训练的重要组成部分。核心肌群包括腹部、背部和骨盆周围的肌肉，它们对于维持身体姿势、提高运动表现和预防运动损伤至关重要。

针对青少年的核心力量训练，应注重动作的准确性和稳定性，而非单纯追求高难度动作。例如，可以从基础的平板支撑、仰卧起坐开始，逐步增加难度和复杂性。

上下肢力量训练

上下肢力量训练是青少年力量训练的核心内容。通过针对性的训练，可以增强四肢的肌肉力量和爆发力，提高运动表现。

在上肢力量训练中，可以引入哑铃、杠铃等自由重量器械，进行如卧推、深蹲等基础动作的训练。同时，也可以结合自重训练，如俯卧撑和引体向上等，来全面发展上肢肌群。

下肢力量训练则应注重腿部和臀部肌肉的发展。深蹲、硬拉等基础动作可以有效提高下肢力量。此外，跳跃训练和短跑冲刺等动态练习也有助于提高下肢的爆发力和速度。

训练后的恢复与再生

恢复与再生是青少年力量训练过程中不可忽视的一环。适当的休息和恢复可以帮助青少年更好地适应训练负荷，减少运动损伤的风险。

训练后应进行适当的拉伸和放松活动，以帮助肌肉恢复和减少乳酸堆积。此外，合理的饮食和充足的睡眠也是促进恢复的关键因素。教练和家长应密切关注青少年的恢复情况，并根据需要调整训练计划。

心理支持与激励

青少年力量训练不仅对身体提出挑战，也对心理造成一定压力。因此，提供心理支持和激励至关重要。

家长或教练应与青少年建立良好的沟通机制，了解他们的需求和困惑，并给予积极的反馈和鼓励。同时,可以引入目标设定和奖励机制来激励青少年坚持训练并取得进步。

持续监测与调整

力量训练是一个动态的过程,需要持续监测和调整以确保其有效性。教练应定期评估青少年的力量水平、身体形态和运动表现等方面的变化,并根据评估结果调整训练计划。

此外,还应关注青少年的生理和心理健康状况,及时发现并解决潜在问题。通过持续的监测和调整,可以确保力量训练计划始终与青少年的实际需求相匹配。

综上所述,青少年力量训练的基础模型是一个综合性的体系,包括训练前的评估与准备、明确训练目标与计划制定、核心与四肢的力量训练、训练后的恢复再生、心理激励以及持续的监测调整等多个环节。这个模型旨在确保青少年能够在安全、有效的环境中进行全面的力量训练,从而实现身心健康和运动表现的全面提升。

参与力量训练前需要明确的一些问题:

· 孩子在心理和生理上都做好准备了吗?

· 孩子应该遵循什么样的训练计划或模型?

· 该计划的目标是否明确,是否匹配该计划的设计?

· 训练计划是如何个性化的,随着时间的推移,进度怎样?

· 孩子和监督者理解每个力量训练的技术要领吗?

· 孩子是否理解训练计划中的每个器材的安全注意事项?

· 所使用的力量训练器材是否适合特定的孩子使用?

· 孩子是否对参与这种力量训练真的感兴趣?

基于不同场景的青少年力量训练计划

青少年校园力量训练计划

校园是青少年群体学习生活的主要场所,拥有完备的健身设施和宽阔的运动场地,适宜进行一些需要健身器械或对场地要求较高的训练手段;青少年在校时间相对固定且有良好周期性特点,适合进行规律的力量训练计划,校园力量健身是青少年提升自身力量水平的有效途径。表4.3列举了青少年校园力量训练计划案例。

表4.3 青少年校园力量训练计划案例

时间	训练目标	具体训练计划
周一	强化肩部、背部肌群力量	1. 拉力器下拉10～12次 2. 引体向上器辅助引体向上8～12次 3. 坐姿肩上推举10～15次 4. 坐姿划船10～15次 5. 杠铃硬拉6～8次 6. 杠铃挺举10～12次 重复3～5组
周二	强化腰腹部肌群力量	1. 卷腹机卷腹12～16次 2. 旋腹机旋腹12～16次 3. 卷腹凳下斜仰卧起坐12～16次 4. 卷腹凳下斜仰卧举腿12～16次 5. 罗马椅侧倾12～16次 6. 罗马椅挺身12～16次 重复3～5组
周三	强化手臂、胸部肌群力量	1. 杠铃弯举8～10次 2. 拉力器绳索下拉10～12次 3. 杠铃卧推5～8次 4. 杠铃斜上卧推5～8次 5. 蝴蝶机夹胸8～10次 6. 拉力器反握下拉10～15次 重复3～5组
周四	强化下肢肌群力量	1. 坐姿水平蹬腿8～10次 2. 坐姿屈腿器腿屈伸8～10次 3. 俯卧小腿屈伸8～10次 4. 杠铃深蹲5～8次 5. 杠铃保加利亚蹲8～10次 6. 壶铃蹲跳10～12次 重复3～5组
周五	强化爆发力	1. 台阶单腿交换跳16～20次 2. 杠铃弓步跳12～16次 3. 跳箱跳深8～10次 4. 杠铃片跪跳起8～10次 5. 后抛药球8～10次 6. 壶铃半蹲跳10～12次 重复3～5组
周六	休息调整	拉伸放松
周日	休息调整	拉伸放松

青少年社区力量训练计划

社区是青少年课后活动的重要场所,有一定的活动空间但缺少专业的健身器械,适宜进行幅度较大的徒手力量健身训练或自备的小型器械力量健身训练;充分利用社区资源进行力量训练是对青少年力量素质强化的有效补充。表4.4列举了青少年社区力量训练计划案例。

表4.4　青少年社区力量训练计划案例

时间	训练目标	具体训练计划
周一	强化肩部、背部肌群力量	1. 药球过顶上举10～15次 2. 药球过顶下砍10～15次 3. 弹力带站姿侧平举10～12次 4. 弹力带"W"字激活10～15次 5. 引体向上8～10次 6. 宽距引体向上8～10次 重复3～5组
周二	强化下肢肌群力量	1. 徒手深蹲8～12次 2. 猴式深蹲8～10次 3. 药球相扑深蹲8～10次 4. 药球弓步走12～16次 5. 弹力带摆腿12～16次 6. 迷你带提膝12～16次 重复3～5组
周三	强化手臂、胸部肌群力量	1. 俯冲式俯卧撑10～15次 2. 击掌俯卧撑10～15次 3. 鳄鱼爬8～12次 4. 药球单臂俯卧撑8～12次 5. 站姿胸前推药球8～10次 6. 弹力带胸前推10～15次 重复3～5组
周四	强化腰腹部肌群力量	1. 坐姿旋转侧向抛接药球8～12次 2. "V"字胸前抛接药球6～10次 3. 仰卧起坐胸前抛接球6～10次 4. 肋木提膝10～15次 5. 肋木举腿8～12次 6. 俯卧登山跑16～24次 重复3～5次

时间	训练目标	具体训练计划
周五	强化踝膝关节稳定性力量	1. 迷你带半蹲侧向走 10 ~ 20次 2. 徒手脚踝跳 15 ~ 20次 3. 迷你带侧向摆腿 10 ~ 12次 4. 迷你带前后摆腿 10 ~ 12次 5. 台阶提踵 15 ~ 20次 6. 单腿直立抛接药球 8 ~ 10次 重复 3 ~ 5组
周六	强化爆发力训练	1. 连续纵跳 8 ~ 10次 2. 连续蛙跳 8 ~ 10次 3. 连续弓步跳 12 ~ 16次 4. 药球过顶扔球 6 ~ 8次 5. 弹力带爆发上台阶 8 ~ 10次 6. 药球过顶砸球 6 ~ 8次 重复 3 ~ 5组
周日	休息调整	拉伸放松

青少年居家力量训练计划

近年来,居家运动因便于开展成了青少年体育锻炼的新选择,其锻炼方式具有活动范围小、不产生噪声等特点,适宜进行徒手训练、弹力带训练等,居家力量训练是青少年提升力量水平的新途径。表4.5列举了青少年居家力量训练计划案例。

表4.5　青少年居家力量训练计划案例

时间	训练目标	具体训练计划
周一	强化肩部、背部肌群力量	1. 弹力带站姿前平举 8 ~ 12次 2. 弹力带站姿双臂高位后拉 8 ~ 12次 3. 弹力带附身直臂后拉 8 ~ 12次 4. 俯身宽距哑铃后拉 10 ~ 15次 5. 单臂哑铃提肘 8 ~ 10次 6. 哑铃上举 10 ~ 12次 重复 3 ~ 5组
周二	强化下肢肌群力量	1. 弹力带站姿单侧髋后伸 12 ~ 16次 2. 弹力带深蹲起 8 ~ 12次 3. 面壁深蹲起 8 ~ 12次

（续表）

时间	训练目标	具体训练计划
周二	强化下肢肌群力量	4. 保加利亚蹲12 ～ 16次 5. 哑铃半蹲起8 ～ 12次 6. 哑铃弓步蹲12 ～ 16次 重复3 ～ 5组
周三	强化手臂、胸部肌群力量	1. 弹力带站姿双臂胸前斜上推8 ～ 12次 2. 弹力带站姿弯举10 ～ 12次 3. 弹力带跪姿外旋伸肘 4. 跪姿俯卧撑15 ～ 20次 5. 钻石俯卧撑8 ～ 12次 6. 宽距俯卧撑8 ～ 12次 重复3 ～ 5组
周四	强化腰腹部肌群力量	1. 俯卧背部提升8 ～ 12次 2. 平板支撑1分钟 3. 仰卧起坐15 ～ 20次 4. 弹力带跪姿卷腹10 ～ 15次 5. 迷你带登山抛16 ～ 20次 6. 哑铃俄罗斯转体16 ～ 20次 重复3 ～ 5组
周五	强化踝膝关节稳定性力量	1. 靠墙静蹲2分钟 2. 弹力带提踵15 ～ 20次 3. 弹力带勾脚16 ～ 20次 4. 半蹲提踵15 ～ 20次 5. 半蹲单腿侧触地16 ～ 20次 6. 单腿交叉后触地12 ～ 16次 重复3 ～ 5组
周六	休息调整	拉伸放松
周日	休息调整	拉伸放松

青少年特殊人群的力量训练计划

体重过轻人群

体重过轻的青少年群体通常有绝对力量差，易产生运动损伤等特点。在进行力量训练过程中应避免大负荷的自由重量练习，多采用固定器械训练形式，且训练量不宜过大,有利于增加肌肉,适当增长体重,提高力量水平。表4.6列举了体重过轻人群力量训练计划案例。

表4.6　体重过轻人群力量训练计划案例

时间	训练目标	具体训练计划
周一	强化胸部肌群力量	1. 蝴蝶机夹胸8 ~ 12次 2. 哑铃上斜胸推8 ~ 12次 3. 哑铃平板胸推8 ~ 12次 4. 史密斯下斜胸推4 ~ 8次 重复3 ~ 5组
周二	强化背部肌群力量	1. 坐姿下拉8 ~ 12次 2. 坐姿划船8 ~ 12次 3. 固定式硬拉6 ~ 8次 4. 哑铃划船4 ~ 8次 重复3 ~ 5组
周三	强化腹部肌群力量	1. 仰卧起坐15 ~ 20次 2. 仰卧举腿15 ~ 20次 3. 平板支撑1分钟 4. 背部提升15 ~ 20次 重复3 ~ 5组
周四	强化上肢肌群力量	1. 杠铃弯举6 ~ 8次 2. 坐姿上斜弯举8 ~ 12次 3. 坐姿哑铃臂屈伸8 ~ 12次 4. 绳索臂屈伸6 ~ 8次 重复3 ~ 5组
周五	强化肩部肌群力量	1. 坐姿肩推6 ~ 8次 2. 坐姿侧平举8 ~ 12次 3. 哑铃俯身飞鸟8 ~ 12次 4. 哑铃前平举8 ~ 12次 重复3 ~ 5组
周六	强化下肢肌群力量	1. 史密斯深蹲8 ~ 12次 2. 腿后勾8 ~ 12次 3. 股四头前踢8 ~ 12次 4. 臀外展15 ~ 20次 重复3 ~ 5组
周日	休息调整	拉伸放松

体重过重人群

体重过重的青少年通常有相对力量弱、体重对身体负荷较大等特点。在力量训练过程中应多进行动态训练和自由重量训练形式,且训练过程带有一定的有氧运动特点,在达到提高力量水平目的的同时起到降低体脂、改善相对力量水平的作用。表4.7列举了体重过重人群力量训练计划案例。

表4.7　体重过重人群力量训练计划案例

时间	训练目标	具体训练计划
周一	强化胸部肌群力量	1. 哑铃上斜胸推20～30次 2. 哑铃平板胸推20～30次 3. 俯卧撑15～25次 4. 拉力器下拉夹胸20～25次 重复3～5组
周二	强化背部肌群力量	1. 杠铃硬拉15～20次 2. 坐姿划船30～50次 3. 罗马椅壶铃挺身15～25次 4. 杠铃站姿体前屈15～20次 重复3～5组
周三	强化腹部肌群力量	1. 仰卧触足卷腹20～30次 2. 仰卧左右交替触足30～50次 3. 俯卧登山跑30～50次 4. 仰卧蹬腿30～50次 重复3～5组
周四	强化上肢肌群力量	1. 拉力器站姿绳索下拉20～30次 2. 拉力器站姿弯举20～30次 3. 拉力器反握下拉20～30次 4. 杠铃弯举15～20次
周五	强化肩部肌群力量	1. 杠铃挺举15～25次 2. 哑铃侧平举15～20次 3. 史密斯机颈后推举15～20次 4. 单臂壶铃推举20～30次
周六	强化下肢肌群力量	1. 杠铃半蹲跳15～20次 2. 杠铃弓步交换跳20～30次 3. 壶铃蹲跳15～20次 4. 杠铃片负重蛙跳15～20次
周日	休息调整	拉伸放松

第 5 章

青少年力量训练方法

自身体重

自身体重训练就是以自身重量为阻力进行训练,这是一类简便易行、经济实用、运用最久的训练方式。自身体重训练的好处在于不需要器械,随时随地都可以进行。刚开始训练时,先从简单的动作做起,随着自身力量的提升可以逐渐增加训练难度。

上肢力量

俯卧撑是一个能够强健上肢及胸部肌肉骨骼系统、塑造健康匀称形体的经典动作。强健的上肢肌肉不仅能让青少年有健康的"资本"参加各种类型的体育锻炼,还能降低他们在运动中受伤的概率。除此之外,拥有紧实匀称的上肢及胸部肌肉也能增强青少年的自信心。

💪 标准俯卧撑

预备姿势:身体呈双手和双脚脚尖着地的四点俯撑姿势,双臂伸直,双手略比肩宽,双腿并拢,控制身体在一条直线上。两臂下屈:保持腹部收紧,吸气时屈肘,使身体下移直至胸部几乎贴近地面。两臂推伸:呼气时,快速推起身体,回到起始姿势。

动作变式:俯卧撑的动作变式丰富多样,对于低龄青少年(10岁以下)及肌肉力量比较薄弱、无法完成一个标准的俯卧撑的中高龄青少年,可以先从简易变式俯卧撑开始,如靠墙俯卧撑、上斜俯卧撑和跪姿俯卧撑;随着年龄及力量的提升,可以循序渐进地尝试有难度的变式。

💪 靠墙俯卧撑

调整双脚站位,离墙越近越省力,越远越费力。双手间距略大于肩宽,吸气下,呼气起,慢慢增加动作幅度,再调整站位角度,提高难度。

这种方式简便易行,只要是有墙的地方都可以进行练习。每组做10 ~ 20个,练习3 ~ 5组。如果双手能够顺利完成,可以尝试单手。

💪 上斜俯卧撑

有了以上基础后,再做上斜俯卧撑,双脚与地面的角度比双手撑墙的俯卧撑角度要小,近似于标准俯卧撑。

双手撑于高位,略宽于肩;腹、背、臀绷紧,身体呈一条直线。胸肌发力撑起,直至手臂接近伸直,顶峰收缩2 ～ 3秒;保持腹、背、臀等核心部位肌肉的紧绷状态。

💪 跪姿俯卧撑

双膝并拢跪于垫上,双手撑地,间距略宽于肩,双脚交叉抬起,腰背挺直,使身体从肩部到膝盖呈一条直线。屈肘,身体缓慢下降,至胸部几乎接触到地面,顶峰收缩2 ～ 3秒,保持腹、背、臀等核心部位肌肉的紧绷状态。

学会了以上简易变式俯卧撑，如果觉得难度都不大，可以尝试下面更有难度的变式俯卧撑。

以下有难度的变式俯卧撑建议10岁以上青少年练习，注意循序渐进，量力而行。

下斜俯卧撑

脚尖放置于高处（身体与地面夹角45°最佳）；双手撑地，略宽于肩；腹、背、臀绷紧，身体呈一条直线。胸肌发力撑起，直至手臂接近伸直，顶峰收缩2～3秒；保持腹、背、臀等核心部位肌肉的紧绷状态。

蝎子俯卧撑

双手撑地，间距略宽于肩，肩部位于双手的正上方；腹、背、臀绷紧，身体呈一条直线。支撑腿脚尖撑地，悬空腿屈膝抬起，悬于空中，保持平衡。屈肘，缓慢使身体下降，直到胸部几乎接触到地面。

拳卧撑

双手握拳，拳眼朝前（大拇指侧），拳面与地面平行，两手间距略宽于肩，在下俯与撑起的过程中始终保持手腕中立位。吸气时两臂下屈，保持腹部收紧，使身体下移直至胸部几乎贴近地面；呼气时两臂推伸，快速推起身体，回到起始姿势。

宽距俯卧撑

宽距俯卧撑是在标准俯卧撑的基础上，加大双手间的间距。和标准俯卧撑一样，宽距俯卧撑也会用到胸肌和肱三头肌。但不同的是在完成宽距俯卧撑时，胸大肌外侧和与胸外侧连接的三角肌前束区域会比窄距俯卧撑和标准俯卧撑得到更多激活。

钻石俯卧撑

俯身双手撑在地上，双手食指和拇指相互触碰，形成钻石形状，置于胸部下方；双腿伸直，双脚并拢，收紧腰腹和臀部，身体呈一条直线。屈肘，身体下降，保持肘部贴近身体两侧，直至胸部几乎触碰到双手，同时吸气。全程保持身体稳定，避免塌腰或撅臀。如果难度过高，可以尝试跪姿钻石俯卧撑。

钻石俯卧撑是高难度动作,需要双手支撑力和平衡协调感,不建议没练习过俯卧撑的青少年直接做此动作。

俯冲式俯卧撑

俯冲式俯卧撑这一变式,将动态拉伸、力量强化两种元素整合到一个动作中。练习时,以肩膀引导身体移动,并确保整体动作流畅、幅度到位。

击掌俯卧撑

从标准俯卧撑姿势开始,双臂分开,略比肩宽,双脚并拢。有控制地使身体快速下落,然后朝相反的方向用力将自己的身体推起来,躯干悬在空中时快速击掌,落地时屈臂缓冲。动作连接时要充分利用上一次的反弹动作将身体推到空中。

💪 单手俯卧撑

一只手臂伸直,撑起身体重量。慢慢弯曲伸直的手臂,使身体下降,直到胸部几乎接触到地面。在下降过程中,保持背部和腿部呈直线,脚尖触地以保持平衡。

单手俯卧撑对胸肌和手臂肌肉有很高的要求,要具备足够强的力量才能挑战。如果双脚并拢做不到,可以将双脚间距打开保持平衡,降低难度训练。

下肢力量

💪 站姿屈髋后顶

直立,双手叉腰,双脚分开与肩同宽;髋关节屈曲,躯干缓慢前倾保持一条直线,膝关节自然微屈保持身体平衡,躯干前倾至约45°;快速直起身体,恢复直立状态。

💪 半蹲

直立,双手前平举,双脚分开略宽于肩;臀部向后坐并屈膝下蹲,直至大小腿呈120°后起身还原。动作全程保持背部挺直,注意膝盖与脚尖方向一致且不超过脚尖。

🦾 坐位起立

坐在适宜高度的辅助器材上,双手搭在异侧肩上,手臂架于胸前,大腿小腿呈90°,双脚分开与肩同宽,身体挺直;快速发力起身,全程躯干保持正直;缓慢坐下,恢复起始姿势。

🦾 静蹲

背部挺直,倚靠墙壁,双脚分开略宽于肩;屈膝下蹲直至大腿与地面平行或稍低,双手叉腰,背部始终紧贴墙壁。静止保持动作稳定,注意膝盖与脚尖方向一致且不超过脚尖。单次练习持续1分钟,重复3 ~ 5组。

🦾 手臂胸前交叉深蹲起

直立，双手搭在异侧肩上，手臂架于胸前，双脚分开略宽于肩；臀部向后坐并屈膝下蹲，至大腿与地面平行或稍低后，起身还原。动作全程保持背部挺直，注意膝盖与脚尖方向一致且不超过脚尖；手臂在胸前交叉有助于保持肩背动作稳定，降低动作难度。

🦾 手臂前平举深蹲起

直立，双手前平举，双脚分开略宽于肩；臀部向后坐并屈膝下蹲，至大腿与地面平行或稍低后，起身还原。动作全程保持背部挺直，注意膝盖与脚尖方向一致且不超过脚尖；手臂前平举，不做辅助支撑，只起到辅助平衡的作用，较手臂胸前交叉深蹲起而言，对动作稳定性要求较高。

🦾 过头举手深蹲起

直立，举手，手臂伸直，掌心相对，双脚分开略宽于肩；臀部向后坐并屈膝下蹲，至大腿与地面平行或稍低后，起身还原。动作全程保持背部挺直，注意膝盖与脚尖方向一致且不超过脚尖。

📙 相扑深蹲起

双手在胸前交握,躯干挺直,双脚分开宽于肩,脚尖指向斜前方;臀部向后坐并屈膝下蹲,至大腿与地面平行或稍低后,起身还原。注意动作全程躯干挺直,膝盖与脚尖方向一致且不超过脚尖。

上述蹲起动作可以根据自己的实际情况做 1 ～ 3 组,每组 8 ～ 12 次为宜,单次训练选择 3 ～ 5 个动作。

躯干核心力量

📙 跪姿平板支撑

以肘、膝支撑身体,俯卧于运动垫,屈肘、屈膝,前臂触地,抬高双脚,背部平直,颈部与身体呈一条直线。保持 45 ～ 60 秒,练习 3 ～ 5 组。

側卧手脚撑

侧卧位开始,手臂位于身体正下方完全伸展,用手掌将身体支撑起来,双腿伸直,双脚并拢叠放或前后错开触地,脊柱保持中立位,使身体保持一条直线。保持45～60秒,练习3～5组。

俯卧背部提升

趴在运动垫上,面朝下,伸直身体,将手放于头部后方或将手臂交叉于胸前,掌心朝下;吸气,轻微地抬起上半身至最高点并保持,手臂可以略微朝外张开,保持与肩同宽;恢复起始姿势,缓慢呼气,控制身体的下降过程,直到上半身重新接触地面。15～20次为1组,练习3～5组。

仰卧交替触足

吸气,仰卧在运动垫上,背部贴近地面,脚与膝盖弯曲在运动垫上,双手放在身体两侧;呼气,用腹肌的力量微微抬起上半身,尽量使肩膀离开地面,用手向侧面触摸到同侧的脚跟。20～30次为1组,练习3～5组。

🏋 仰卧摸膝卷腹

平躺在运动垫上，屈膝，双腿微微分开，双脚踩实在运动垫上，双手扶在大腿上；用腹肌力量将肩部和上背部卷离地面，在双手摸到膝盖后，停留2～3秒，然后回到初始位置。20～30次为1组，练习3～5组。

🏋 仰卧举腿

平躺在运动垫上，双腿伸直并拢，背部紧贴地面，双手放置在身体两侧；腹部发力，缓慢将双腿向上抬起至与地面垂直，即大腿与腹部呈90°（初学者可先抬至45°，逐步提高），保持1～2秒，再缓慢放下。全程保持腹部紧张，注意呼吸，抬腿吸气，放下呼气。15～20次为1组，练习3～5组。

💪 仰卧起坐

吸气,仰卧于运动垫上,双腿屈曲90°,双脚置于运动垫上,双手抱头;呼气,然后用腹部的力量抬起上半身,尽可能向膝盖靠近,停留2 ~ 3秒;缓慢地吸气,控制身体的下降过程,直到背部完全接触运动垫。15 ~ 20次为1组,练习3 ~ 5组。

💪 三点平板支撑

身体呈双肘和双脚脚尖着地的四点俯撑姿,一侧手臂伸直举过头顶与地面平行,或一侧腿抬起与地面平行呈三点平板支撑动作。保持45 ~ 60秒,练习3 ~ 5组。

💪 平板交替伸手抬腿

身体呈双肘和双脚脚尖着地的四点俯撑姿；吸气，慢慢抬起一只手，同时抬起对侧的腿，使腿部和手臂与身体呈一直线；呼气，缓慢将抬起的手和腿放下，交替抬起另一只手和对侧的腿。20 ～ 30次为1组，练习3 ～ 5组。

💪 仰卧两头起

双手伸直举过头顶，双腿伸直并拢；呼气腹部发力，同时起身举腿，直至手碰到足尖，吸气回归起始动作；练习全程双肩和双脚不触地。15 ～ 20次为1组，练习3 ～ 5组。

💪 仰卧交替肘膝卷腹

双手十指交叉于脑后，手臂自然打开；呼气腹部发力，起身躯干向左旋转，同

时左腿屈膝抬起直至右肘与左膝触碰,吸气缓慢回归起始动作,另一侧重复相同动作;练习全程双肩和双脚不触地。20 ～ 30次为1组,练习3 ～ 5组。

俯卧登山跑

身体呈双手和双脚脚尖着地的四点俯撑姿势,双臂伸直,双手略比肩宽,双腿微分,身体呈一条直线;腹部发力,利用腿部肌肉带动单脚屈膝抬起,往前靠近胸部,达极限后放下,并换另一只脚抬起,重复动作。20 ～ 30次为1组,练习3 ～ 5组。

侧撑抬腿

侧卧,下方手臂支撑起身体,上方手臂轻贴于身体侧面,双腿伸直,双脚并拢触地,身体呈一条直线;呼气侧肌发力,抬起上方腿直至双腿呈30°,上方手臂展开,与下方手臂成一条直线,呼气回归起始动作。一侧10 ～ 15次为1组,练习3 ～ 5组。

海豚游泳式

以髋部为支点俯卧,手臂伸直举过头顶,双腿伸直分开与肩同宽,背部肌肉收紧,身体与双腿均微微抬起;保持身体稳定,缓慢滑动双臂直至双臂贴于身体两侧,回归起始动作;动作全程肩部与脚尖不触地。10 ～ 15次为1组,练习3 ～ 5组。

自 由 重 量

　　自由重量训练无须机械辅助,依靠哑铃、杠铃就可以独立完成。自由重量训练的好处就是能够做大幅度、多角度的活动训练,可以按锻炼意志做任何移动。自由重量训练对于环境和空间的要求较低,还可以使用弹力带、训练椅和平衡垫等多种训练器械进行训练。

哑铃

➤ 站姿双臂弯举

　　直立,双脚分开,与肩同宽。双手各握一只哑铃垂在身体两侧,掌心向前;上

臂紧贴身体，屈臂，使哑铃最大限度地靠近双肩，稍作停留，回到起始位置，然后完成8～15次。

⚠ 在运动过程中保持身体稳定，上身挺直，上臂紧贴身体。

╼ 站立俯身双臂屈伸

双脚打开，与肩同宽站立，双手各握一只哑铃，微屈膝，向前俯身，至上身接近与地面平行；屈臂，将哑铃拉至身体两侧，且肘关节紧贴身体；伸臂，上臂贴紧身体，向后抬起前臂，至双臂完全伸直。稍作停留，回到起始位置，然后完成8～15次。

⚠ 在运动过程中保持身体稳定，背部挺直，上臂紧贴身体。

╼ 站姿俯身侧平举

双脚分开，与肩同宽。屈髋屈膝，使背部几乎与地面平行。双手各握一只哑铃，双臂伸直，使哑铃垂于肩关节正下方，掌心相对。双臂同时向两侧抬起，至双臂与身体形成"T"字形，即双臂呈一条直线。稍作停留，回到起始位置，然后完成8～15次。

⚠ 在运动过程中保持身体稳定，背部挺直，不要耸肩。

╼ 仰卧飞鸟

双手各握一只哑铃，仰卧在训练椅上，双脚分开，支撑于地面。将哑铃举于肩部上方，肘关节微屈。双臂向两侧打开，同时降低肘关节，呈飞鸟状。稍作停留，回到起始位置，然后完成8～15次。

⚠ 在运动过程中保持身体稳定，背部贴近训练椅。

☞ 单腿深蹲

站姿，双手各握一只哑铃，垂于身体两侧，掌心相对。屈膝，向后抬起一只脚，单脚站立。单脚慢慢向下深蹲至极限。稍作停留，回到起始位置，然后完成8 ～ 15次。

⚠ 在运动过程中保持身体稳定，背部挺直，膝盖尽量不要超过脚尖。

☞ 下斜后弓步

站在跳箱上，双脚分开，与肩同宽。双手各握一只哑铃，垂于身体两侧，掌心向内。向后迈出一条腿，后侧脚尖支撑，慢慢降低身体，呈弓步。稍作停留，回到起始位置，然后完成8 ～ 15次。

⚠ 在运动过程中保持身体稳定，背部挺直，膝盖尽量不要超过脚尖。

⬤━ 俯卧腘绳肌收缩

俯卧在训练椅上，双脚夹住一只哑铃。双手抱住训练椅的一端固定。屈膝，使小腿与地面垂直。稍作停留，回到起始位置，然后完成8～12次。

⚠ 在运动过程中大腿贴紧训练椅。

壶铃

🔔 分腿姿单臂后拉

采用弓步姿势，左脚在前，向前俯身。右手握壶铃，右臂自然下垂，壶铃位于左膝高度。右肘屈曲，上拉壶铃至髋部高度，左臂自然下垂。回到起始姿势。重复8～12次。对侧亦然。

⚠ 保持核心收紧和身体稳定。

🏋 双臂高拉

　　直立，双脚分开。双手握壶铃于体前，双臂伸直向下半蹲，随即快速地伸髋伸膝，紧接着快速地耸肩，同时双肘屈曲抬高，将壶铃高拉至锁骨前方。回到起始姿势。重复8～12次。

⚠ 在运动过程中感受下肢髋关节用力，而不是手臂。

🏋 单臂挺举

　　直立，双脚分开。左手握壶铃，左肘屈曲，将壶铃置于上臂外侧，右臂侧平举，形成架式支撑姿势。向下半蹲，随即快速地伸髋伸膝，上推壶铃至左臂伸直。回到起始姿势。重复8～12次。对侧亦然。

⚠ 在下蹲过程中膝盖尽量不要超过脚尖，背部挺直，上举过程不要耸肩。

🛎 相扑深蹲

直立，双脚分开。双手握壶铃于体前，双臂伸直。向下深蹲，手臂姿势保持不变。回到起始姿势。重复 8 ～ 12 次。对侧亦然。

⚠️ 在下蹲过程中膝盖尽量不要超过脚尖，背部挺直。

🛎 双臂甩摆

屈髋屈膝，俯身，双手握住壶铃把手，在两腿之间向后甩摆壶铃。伸膝伸髋，起身站直，同时向前甩摆壶铃至双臂平行于地面，再让壶铃向两腿之间自然下摆，顺势屈髋屈膝，向前俯身。重复 8 ～ 12 次后起身站直。

⚠️ 在运动过程中感受下肢髋关节发力，动作快速有力，背部挺直。

胯下"8"字环绕

双脚分开,大于肩宽,双腿微屈。在左脚前方的地面上放置一个壶铃,向前俯身至左臂伸直时左手刚好可以握住壶铃把手。左手握壶铃向右腿后方移动,在两腿之间将壶铃从左手递至右手。右手握壶铃先移至右腿前方,再向左腿后方移动,在两腿之间将壶铃从右手递至左手。左手握壶铃移至左腿前方,完成"8"字环绕。重复8～12次。

⚠ 在运动过程中保持核心收紧和身体稳定。

土耳其起身

仰卧于运动垫上,右腿伸直,左腿屈曲撑在运动垫上。左手握壶铃伸直,右肘屈曲撑在运动垫上。右肘撑地,抬起上半身,同时左臂向上伸直。右手撑地,继续抬起上半身,向上顶髋至臀部离开运动垫,躯干和大腿呈一条直线。倒序完成上述动作,回到起始位置,然后完成8 ～ 12次。

⚠ 在运动过程中眼睛始终注视壶铃,感受发力顺序。

杠铃

⇥ 体前提拉

双腿分开与肩同宽,双手在身前紧握杠铃,拳眼相对。上身微前倾,双臂同时弯曲,将杠铃上提至腰部位置,随后下落直至手臂伸直。运动过程中要保持正确的呼吸节奏。重复8 ～ 12次。

⚠ 肩部放松,避免上耸。

⟼ 硬拉

双脚分开与肩同宽。两手在身前正、反握杠铃。向前俯身屈膝,双臂随着身体下移使杠铃置于膝关节位置。继续向前俯身,使杠铃置于膝关节下方。腿部发力蹬地,髋部前推,同时将杠铃提至膝关节上方,杠铃贴腿,完全伸展。控制杠铃,还原至初始姿势。重复8 ～ 10次。

⚠ 挺胸收腹,背部挺直,双臂和双腿保持伸直。

⟼ 转体

双脚分开与肩同宽,双手紧握杠铃并将其置于肩部后方。左腿向前跨出呈左弓步,缓慢向左转体,保持稳定。下身保持不动,再向右转。恢复到初始姿势。左右重复8 ～ 15次。

⚠ 身体挺直,保持身体稳定。

⤙ 颈后深蹲

站姿,双脚宽于肩,保持膝关节绷直但不被锁死,双手正握杠铃并置于颈后肩上。屈膝下蹲,弯曲膝关节直至呈90°,保持背部挺直。随后回到初始位置。重复8 ~ 15次。

⚠ 控制速度缓慢下蹲,避免膝盖超过脚尖。

⤙ 卧推

仰卧,两手比肩略宽,向上推举杠铃,然后回到起始位置。重复8 ~ 12次。

⚠ 保持脊柱自然弯曲。

⤙ 肩上推举

坐于有椅背的椅子上,微微向前抓住杠铃置于锁骨上方。肩关节外展,向上推举杠铃,直至两肘绷紧。用可控的速度将杠铃缓慢放下,直至杠铃几乎接触胸部。重复8 ~ 12次。

⚠ 确保背部紧贴椅背,避免将双臂降低到与躯干的角度小于45°的位置。

⇥ 借力挺举

使用高翻或悬垂式高翻练习动作,将杠铃从地面举到肩部,挺直站立,双脚间距与髋同宽,脚尖向前,双手以正握闭握方式握住杠铃杆,握距与肩同宽。保持躯干直立,头部处于中立位置,同时以缓慢的速度弯曲髋关节和膝关节,下沉预蹲。在达到下沉的最低位置后,立即反向运动,快速且强有力地伸展髋关节、膝关节和踝关节,将杠铃向头顶移动。伸展肩部和肘部将杠铃推举到头顶位置,杠铃杆位于耳朵正上方或稍稍靠后的位置,以完全直立的身体姿势站立,控制杠铃并使身体达到平衡状态。逐渐减少手臂的肌肉张力来降低杠铃,使杠铃有控制地下降到肩部。髋关节和膝关节同时弯曲,以缓冲杠铃对肩部的冲击。重复8～12次。

⚠ 躯干挺直,身体重心在双脚中间。

⇥ 颈后站姿提踵

双手抓住杠铃站立并将其放在肩上。当膝关节完全伸直时注意不要被锁死。弯曲踝关节,踮起脚尖,可将前脚掌置于杠铃片或其他能稍微增高的物件上,以增加脚踝移动范围。缓慢放下,重复8～12次。

⚠ 确保身体稳定。可以使用移动电机或哈克机来做练习,也可以使用健身房里可用的特定机器。

↤ 颈后弓步蹲

将杠铃放在肩上，双手抓住杠铃，双腿分开站立。降低身体位置，双腿前后分开，保持背部挺直且与地面垂直，直至处于弓箭步姿势。绷直膝关节回到起始位置。重复8 ~ 12次。

⚠ 在移动过程中始终确保前腿膝关节弯曲角度不超过90°，上半身避免弯曲。

弹 力 带

弹力带是一种小型健身训练器材，弹力带训练为低强度抗阻训练，深受健身及运动爱好者的喜爱。弹力带训练具有适用人群广、简易方便、锻炼角度广泛等优势,能够增加练习者的肌肉力量和肌肉维度,提升肌肉控制力、改善身体平衡,提升身体柔韧性等。

🌸 站姿双臂前平举

身体直立,双脚分开,与肩同宽,双臂自然下垂,双手各握弹力带一端,掌心朝内,一只脚踩住弹力带中间,保持弹力带有一定张力。手臂向前向上抬起呈前平举姿势,将弹力带提升至与肩部平齐的位置。恢复至起始姿势,重复8～15次。

⚠ 保持核心收紧和身体稳定,不要耸肩。

🌸 站姿双臂侧平举

身体直立,双脚前后分开,前脚踩住弹力带中间,双手分别紧握弹力带两端,双臂伸展并向侧面抬起至与身体呈45°,掌心朝下,保持弹力带有一定张力。保持双臂伸直并继续向上抬起呈侧平举姿势,将弹力带两端提升至与肩部平齐的位置。恢复至起始姿势,重复进行8～15次。

⚠ 保持核心收紧和身体稳定,不要耸肩。

🌸 站姿双肩外旋

身体直立,双手分别紧握弹力带两端,双臂向上弯曲至肘关节呈90°,保持弹力带有一定张力。保持身体姿势不变,前臂向外旋,将弹力带两端拉伸至体侧,保持肘关节位置不动。恢复至起始姿势,重复进行8～15次。

⚠ 保持核心收紧和身体稳定。

✗ 站姿"W"字激活

　　身体直立,双脚分开,与肩同宽,双手分别紧握弹力带两端,双臂向前伸展至与地面平行,保持弹力带有一定张力。保持身体姿势不变,双臂向下弯曲并向体侧拉伸弹力带,使手臂与身体呈"W"字形,保持弹力带始终与地面平行。恢复至起始姿势,重复进行8 ～ 15次。

　　⚠ 保持核心收紧和身体稳定。

✗ 站姿飞鸟

　　身体直立,双脚分开,与肩同宽,双臂侧平举,掌心朝前,双手分别紧握弹力带两端,使弹力带从身体背部绕过,保持弹力带有一定张力。保持双臂伸直,向内拉

伸弹力带至手臂呈前平举姿势,掌心朝内,保持手臂和弹力带始终与地面平行。恢复至起始姿势,重复进行8 ～ 15次。

⚠ 保持核心收紧和身体稳定。

✍ 站姿双臂胸前斜上推

身体直立,双脚分开,与肩同宽,前臂向上弯曲,双手置于胸前并分别紧握弹力带两端,使弹力带从身体背部绕过,保持弹力带有一定张力。保持身体姿势不变,双臂向前上方拉伸弹力带至手臂完全伸直,使弹力带两端高于头顶的位置。恢复至起始姿势,重复进行8 ～ 15次。

⚠ 保持核心收紧和身体稳定。

✍ 站姿双臂高位后拉

身体直立,双脚分开,与肩同宽,双臂前平举,双手分别紧握弹力带两端,弹力带中间固定在面前等高的其他物体上,保持弹力带有一定张力。保持身体姿势不变,双臂向后拉伸弹力带至双手到达颈部两侧的位置,掌心朝前。恢复至起始姿势,重复进行8 ～ 15次。

⚠ 保持肩胛骨稳定,不要耸肩。

✂ 俯身直臂后拉

身体略微下蹲,至大腿与地面呈45°,双脚分开,略宽于肩,躯干向前倾斜至髋关节呈90°,双臂向前伸展至与地面平行,双手分别紧握弹力带两端,弹力带中间固定在面前等高的其他物体上,保持弹力带有一定张力。向后向下拉伸弹力带至双手到达膝关节两侧的位置,接着继续向后向上拉伸弹力带至双手到达髋关节两侧的位置。恢复至起始姿势,重复进行8 ~ 15次。

⚠ 保持背部伸展和稳定,避免弯腰弓背。

✂ 站姿双臂过顶臂屈伸

身体直立,一侧脚踩住弹力带一端,双臂向上抬起并向后弯曲,上臂贴近耳侧,双手从脑后紧握住弹力带另一端,保持弹力带有一定张力。保持身体姿势不变,前臂向上拉伸弹力带至手臂完全伸直。恢复至起始姿势,重复进行8 ~ 15次。

⚠ 保持核心收紧和身体稳定。

✂ 站姿反向弯举

身体直立,双脚踩住弹力带中间,双手分别紧握弹力带两端,掌心朝后,双臂自然下垂,保持弹力带有一定张力。保持身体姿势不变,两侧前臂向上拉伸弹力带至肘关节弯曲到最大限度,掌心朝前。恢复至起始姿势,重复进行8 ～ 15次。

⚠ 保持核心收紧和身体稳定。上臂尽量保持不动。

✍ 训练椅双侧臂屈伸

身体位于训练椅前方,双腿弯曲至膝关节呈90°,双脚撑地,双手分别紧握弹力带两端并支撑于身后的椅面上,双臂伸直,使弹力带从身体前侧肩部绕过,保持弹力带有一定张力。身体下沉,双臂向后弯曲至肘关节呈90°。恢复至起始姿势,重复进行8 ～ 15次。

⚠ 保持核心收紧和身体稳定。

✍ 跪姿单侧外旋伸肘

跪于垫上,双膝分开,与肩同宽,躯干向下倾斜至髋关节和膝关节均呈90°,一侧手臂竖直支撑于垫面,另一侧手臂向内弯曲至胸前,双手分别紧握弹力带两端,保持弹力带有一定张力。保持身体姿势不变,悬空的手臂向后侧斜上方拉伸弹力带至手臂完全伸直。恢复至起始姿势,重复进行8 ～ 15次。另一侧手臂拉伸时也是同样的动作要求。

⚠ 保持核心收紧,背部平直,身体稳定。

❤ 站姿旋转上提

　　身体直立，双脚分开，与肩同宽，一侧脚踩住弹力带中间，双手交叠握住弹力带两端，躯干朝向弹力带一侧，保持弹力带有一定张力。躯干向对侧转动，同时，双臂也随之向侧面斜上方45°拉伸弹力带。恢复至起始姿势，重复进行8～15次。另一侧脚踩住弹力带时也是同样的动作要求。

　　⚠ 保持核心收紧和身体稳定。

❤ 站姿直臂躯干旋转

　　身体直立，双脚分开，与肩同宽，双臂前平举，双手交叠紧握弹力带一端，弹力带另一端固定在体侧等高的其他物体上,保持弹力带有一定张力。保持双臂伸直,躯干向右侧旋转90°,手臂也随之拉伸弹力带向侧面转动90°。恢复至起始姿势,重复进行规定的次数。向另一侧旋转时也是同样的动作要求。

⚠ 保持核心收紧和身体稳定。

🏃 登山练习

身体俯卧于垫上,双臂向下伸展支撑身体,双腿伸直,脚尖撑地,保持平板姿势,将环状迷你弹力带绕过双脚足底,保持弹力带有一定张力。保持躯干姿势不变,一侧腿向前抬起至髋关节和膝关节均呈45°,接着回到原位,再换另一侧腿向上弯曲至髋关节和膝关节均呈45°,之后回到原位,重复8 ~ 15次。

⚠ 保持核心收紧和身体稳定。

🏃 跪姿卷腹

跪于垫上,双膝分开,与肩同宽,躯干直立;弹力带中间固定在头部上方的其他物体上(或由他人固定),双手分别紧握弹力带两端,双臂向上弯曲,保持弹力带有一定张力。保持手臂姿势不变,上身向下弯曲呈卷腹姿势,使肘关节尽可能与髋关节靠近且头部接近地面。恢复至起始姿势,重复进行8 ~ 15次。

⚠ 保持核心收紧和身体稳定。

❧ 半跪姿挺身

半跪于垫上,双手交叠于胸前并紧握弹力带两端,使弹力带从身体背部绕过并固定在前面等高的其他物体上(或由他人固定),一侧腿向后弯曲至膝关节呈90°,膝盖撑地,躯干向前倾斜,使肘关节与膝关节接触,保持弹力带有一定张力。保持手臂姿势不变,躯干向上挺起呈直立状态。恢复至起始姿势,重复进行8～15次。

⚠ 保持背部伸展和稳定,避免向前或向后屈背。

❧ 弯举分腿蹲

上身直立,单腿向前跨步,使双腿分开适当距离,前脚踩住弹力带中间,双臂向上弯曲,双手分别紧握弹力带两端,保持弹力带有一定张力。保持手臂姿势不

变，身体下蹲至前侧大腿与地面平行，后侧膝盖触地。恢复至起始姿势，重复进行 8 ~ 15次。

⚠ 重心放置在前脚上，下蹲时膝盖尽量不要超过脚尖。

✂ 动态分腿蹲

身体直立，双脚分开，与肩同宽，双臂弯曲置于腰部，将弹力带两端分别缠绕在双脚踝关节上，保持弹力带有一定张力。保持躯干姿势不变，一侧腿向上抬起，之后向前跨步至前侧大腿与地面平行。恢复至起始姿势，重复进行8 ~ 15次。另一侧腿抬起时也是同样的动作要求。

⚠ 保持核心收紧和身体稳定。

✂ 半蹲侧向走

躯干向前倾斜，身体半蹲至大腿与地面约呈45°，双脚分开，与肩同宽，将环状迷你弹力带绕过双腿踝关节，双手交握，双臂向胸部弯曲，保持弹力带有一定张力。保持半蹲姿势，一侧腿向外侧迈步，另一侧腿跟随迈步，使双脚间距恢复与肩同宽，重复进行8 ~ 15次。向另一侧迈步时也是同样的动作要求。

⚠ 保持核心收紧和身体稳定。重心不要起伏。

站姿单侧髋后伸

身体直立,双脚分开,与肩同宽,双臂弯曲置于腰间,将弹力带一端绕过一侧踝关节固定,弹力带另一端固定在脚前等高的其他物体上(或由他人固定),保持弹力带有一定张力。保持躯干姿势不变,环绕弹力带的腿向后拉伸弹力带至小腿与地面呈45°。恢复至起始姿势,重复进行8 ~ 15次。另一侧腿拉伸时也是同样的动作要求。

⚠ 保持膝关节伸直和身体稳定。上身不要前倾。

坐姿双侧髋外展

坐于训练椅上,双腿弯曲,双脚撑地,双臂弯曲置于腰间,将环状迷你弹力带绕

过双腿膝关节,使双腿并拢,保持弹力带有一定张力。保持躯干姿势不变,双腿向外侧拉伸弹力带至最大限度。恢复至起始姿势,重复进行8～15次。

⚠ 保持核心收紧和身体稳定。

✍ 深蹲前推

身体直立,双脚分开,与肩同宽,双臂向上弯曲至肘关节呈90°,双手分别紧握弹力带两端,弹力带中间固定在身后等高的其他物体上(或由他人固定),保持弹力带有一定张力。身体下蹲至大腿与地面接近90°,同时躯干向前倾斜,双臂向前拉伸弹力带至双臂与地面平行。恢复至起始姿势,重复进行8～15次。

⚠ 下蹲时重心后移,膝关节不要超过脚尖。

✍ 爆发力上台阶

站立于训练椅之前,一侧腿屈髋屈膝,脚支撑于训练椅之上,另一侧腿伸展,脚支撑于地面将弹力带中间绕过腰部,弹力带两端固定在身后等高的其他物体上(或由他人固定),保持弹力带有一定张力。保持上身直立,立于训练椅的腿快速伸直,身体随之向上移动,地面的腿上提并向上弯曲至大腿与地面平行,双臂也随之摆动。恢复至起始姿势,重复进行8～15次。另一侧腿站于训练椅时也是同样的动作要求。

⚠ 爆发力动作衔接连贯,保持身体稳定。

药　　球

药球上肢力量训练

🔘 过顶上举

双脚开立，略宽于肩，双肘屈曲，手持药球于胸前；手持药球挺举至头部上方，至双臂伸直；缓慢回到起始姿势。重复规定次数。

⚠ 全程保持核心收紧，腿部稳定支撑，孤立手臂发力。

🔘 过顶下砍

双脚开立，略宽于肩，双肘屈曲，手持药球于胸前；手持药球向上举至头部上方，双肘微屈；快速下蹲，同时手持药球向下砍。随后起身，回到起始姿势。重复规定的次数。

⚠ 全程保持核心收紧，背部挺直。

🔘 胸前绕"8"字

双脚开立，略宽于肩，双肘屈曲，手持药球于胸前；将药球依次移至腰部左侧、腰部右侧、胸前、头部左侧和头部右侧；再继续移动药球至胸前，完成"8"字环绕。

重复规定次数，反方向亦然。

⚠ 全程保持核心收紧，背部挺直。

🔵 站姿胸前画圈

　　双脚开立，略宽于肩，双肘屈曲，手持药球于胸前；以画圆的方式将药球先移至肩部左侧；再依次移动到头部正上方、肩部右侧；继续移动药球至髋部前方，完成圆形环绕；重复规定的次数，反方向亦然。

⚠ 全程保持核心收紧，背部挺直。

🔵 靠墙画圈

面向墙壁,坐在凳子上,上半身垂直于地面;右手将药球按压于墙上与肩部同高的位置;右手保持向墙壁方向用力,同时以圆形轨迹在墙面上移动药球;将药球移动一圈至起始姿势,完成1次练习;重复规定的次数,对侧亦然。

⚠️ 全程保持核心收紧,背部挺直。

🔵 单球单臂交替俯卧撑

右手撑于药球上，左手和双脚撑于地面，左臂伸直，身体呈一条直线；身体下降至触及药球；随后将身体向上推，回到起始姿势；重复规定的次数，对侧亦然。

⚠️ 全程保持核心收紧，单臂稳定撑住药球。

🔵 站姿过顶砸球

双脚开立，略宽于肩，双肘屈曲，将药球经头顶移至头部后方；手臂、肩背部和腹部发力，带动上半身前倾，同时双手尽可能快速地将药球砸向身体前方的地面；随后回到起始姿势。重复规定的次数。

⚠️ 全程保持站姿，腿部稳定支撑。

🔵 站姿胸前推球

双脚开立，略宽于肩，双肘屈曲，手持药球于胸前；双手尽可能快速地将药球向前推出；随后回到起始姿势。重复规定次数。

⚠️ 全程保持核心收紧，腿部稳定支撑。

🔵 站姿过顶扔球

双脚开立，略宽于肩，双肘屈曲，手持药球于胸前；将药球移至头部后方，随后尽可能快速地将药球向前抛出；随后回到起始姿势。重复规定的次数。

⚠️ 全程保持核心收紧，腿部稳定支撑。

药球下肢力量训练

🔵 前弓步走

　　直立，双脚分开，双肘屈曲，手持药球于腹部前方；右腿脚向前呈弓步姿势，双膝均屈曲约90°，同时手持药球移至髋部右腿侧；随后起身，换腿重复此动作；双腿交替向前，重复规定的次数。

　　⚠️ 全程保持核心收紧，背部挺直。

🔵 弓步躯干旋转

　　直立，双脚分开，小于肩宽，双肘屈曲，手持药球于胸前；右腿向前呈弓步姿势,膝关节屈曲约90°,同时上半身向右侧旋转;随后回到起始姿势。重复规定的次数,对侧亦然。

⚠ 全程保持核心收紧,背部挺直。

⬭ 弓步交换跳

直立,双脚分开,与肩同宽,双肘屈曲,手持药球于腹部前方;右腿向前呈弓步姿势,双膝均屈曲约90°,同时手持药球移至髋部右侧;伸髋伸膝,向上跳跃,在空中交换双腿位置,同时手持药球移至腹部前方;落地,换腿在前呈弓步姿势,双膝均屈曲约90°,同时手持药球移至髋部另一侧。重复规定的次数。

⚠ 全程保持核心收紧,背部挺直。

🌀 深蹲

　　直立，双脚分开，宽于肩宽，双臂伸直，手持药球于胸前；屈髋屈膝，向下深蹲至大腿与地面接近平行。回到起始姿势。重复规定的次数。

　　⚠ 全程保持核心收紧，背部挺直。

🌀 相扑深蹲

　　直立，双脚分开，于肩宽1.5倍宽，脚尖指向身体斜前方，双臂屈曲，手持药球贴于胸前；屈髋屈膝，向下深蹲至大腿与地面接近平行。回到起始姿势。重复规定的次数。

　　⚠ 全程保持核心收紧，背部挺直。

🌀 前弓步胯下传球

　　直立，双脚分开，略小于肩宽。双肘屈曲，手持药球于腰前；右脚在前呈弓步姿势，膝关节屈曲约90°，同时右手持药球，右臂自然垂于身体右侧；在胯下将药球由右手移至左手，随后左臂自然垂于身体左侧；回到起始姿势。重复规定的次数，对侧亦然。

　　⚠ 全程保持核心收紧，背部挺直。

药球核心力量训练

⬭ 坐姿旋转侧向抛接球

　　坐于垫上，双腿伸直，双肘屈曲，双手呈接球姿势于胸部前方，做好接球准备；同伴在练习者左侧，面向练习者站立，手持药球于体前，做好抛球准备；同伴向练习者抛球，练习者双手接球，随后上半身转向右侧，同时手持药球移至髋部右侧；上半身迅速向身体左侧旋转，同时双手抛球给同伴；同伴双手接球，回到起始姿势。重复规定的次数，对侧亦然。

　　⚠ 保持躯干稳定，避免身体晃动。

⬭ 俄罗斯旋转侧向抛接球

坐于垫上,臀部着地,脚跟离地,上半身微微转向同伴,双肘屈曲,双手呈接球姿势于胸部左前方,做好接球准备;同伴在练习者左侧,面向练习者站立,手持药球于体前,做好抛球准备;同伴向练习者抛球,练习者双手接球;随后上半身转向右侧,同时手持药球移至髋部右侧;上半身迅速向身体左侧旋转,同时双手抛球给同伴;同伴双手接球,回到起始姿势。重复规定的次数,对侧亦然。

⚠ 保持躯干稳定,避免身体晃动。

⬭ "V"字胸前抛接球

坐于垫上,臀部着地,脚跟离地,上半身与大腿呈"V"字形,双手呈接球姿势于胸部前方,做好接球准备;同伴在练习者正前方,面向练习者站立,手持药球于

体前,做好抛球准备;同伴向练习者抛球,练习者双手接球;练习者双手推球给同伴。同伴双手接球,回到起始姿势。重复规定的次数。

⚠ 全程保持核心收紧,发力集中。

● "V"字侧向抛接球

坐于垫上,臀部着地,脚跟离地,上半身与大腿呈"V"字形,双手呈接球姿势于胸部前方,做好接球准备;同伴在练习者正前方,面向练习者站立,手持药球于体前,做好抛球准备;同伴向练习者抛球,练习者双手接球;随后上半身转向右侧,同时手持药球移至髋部右侧;上半身迅速转回面向同伴,同时双手抛球给同伴;同伴双手接球,回到起始姿势。重复规定的次数,对侧亦然。

⚠ 保持躯干稳定,避免身体晃动。

● 仰卧起坐胸前抛接球

坐于垫上,双腿伸直,上半身挺直,双手呈接球姿势于胸部前方,做好接球准备;同伴在练习者正前方,面向练习者站立,手持药球于体前,做好抛球准备;同伴向练习者抛球,练习者双手接球后,上半身顺势向后至仰卧于垫上;练习者腹部发力并快速起身,同时双手抛球给同伴。同伴双手接球,回到起始姿势。重复规定的次数。

⚠ 全程保持核心收紧,发力集中。

🔵 仰卧起坐过顶抛接球

坐于垫上，双腿伸直，上半身挺直，双手呈接球姿势于头顶，做好接球准备；同伴在练习者正前方，面向练习者站立，手持药球于体前，做好抛球准备；同伴向练习者抛球，练习者双手接球后，上半身顺势向后至仰卧于垫上；练习者腹部发力并快速起身，同时双手抛球给同伴；同伴双手接球，回到起始姿势。重复规定的次数。

⚠ 全程保持核心收紧，发力集中。

健 身 器

健身器上肢力量训练

♋ 蝴蝶机夹胸

坐姿,手握把手,掌心相对,目视前方;主动收缩胸大肌,带动双臂向前水平内收(类似拥抱动作),直至胸大肌处于"顶峰收缩";稍停2～3秒,双臂的手肘与地面保持水平,充分挤压胸大肌,缓慢舒展手臂回到初始姿势。重复8～15次。

⚠ 全程保持肩胛骨后缩下沉,避免耸肩借力。

♋ 拉力器下拉

坐姿,身体挺直,抓住拉力器,做好准备;用胸大肌和背部的肌群力量从头上方位置开始,垂直下拉横杠至胸前,在运动顶峰时,保持肌肉的紧张状态,动作保持2～3秒,慢慢地回位。重复8～15次。

⚠ 动作回位时避免臀部离开坐垫。

史密斯机单臂划船

向前俯身,上半身与地面呈45°,没有握杠铃的手放在同侧膝盖上,另一只手抓住杠铃的中间,解开杠铃使胳膊竖直下垂,并完全伸直;背部保持平坦,挺胸,膝部微屈;用背部的爆发力以划船动作带动杠铃向上,同时保持肘部紧贴身体,直到杠铃与腰部同高;在动作顶部挤压背部,并保持状态1 ～ 2秒;控制好肌肉力量,让杠铃缓慢返回,手臂完全伸直。重复8 ～ 15次。

⚠ 初始时不要使用大重量,技术稳定后再逐步增重。

引体向上器辅助引体向上

跪姿,双手紧握器械手柄上端,宽度约为肩宽的1.5倍,身体保持竖直状态,此时背阔肌处于拉长的状态下;缓缓屈时慢慢将身体向上拉起,直至不能上拉为止,保持2 ～ 3秒,背部肌群完全收紧;逐渐放松背阔肌,让身体缓慢下降,直至完全下垂。重复8 ～ 15次。

⚠ 肘部和肩部是全身唯一运动的部位,其他部位保持静止,不要来回摆动身体。

拉力器站姿双臂下拉夹胸

站在滑轮拉力器之间，双手握住拉力器，膝盖略微弯曲，双腿一前一后；两臂侧上举，保持手臂略微弯曲；重心方向由上向下呈45°；上身稍前倾，两臂从上往下，顺着斜45°方向用力，最后双手移动到腰前位置，保持手肘固定；停顿2～3秒后，缓慢返回还原动作。重复8～15次。

⚠ 全程均匀发力，防止猛拉或突然性还原动作。

坐姿划船

坐姿，挺直腰背，收紧腹部核心肌群，双手推把，手臂自然伸直，目视前方；背

阔肌主导发力,带动双臂向胸部方向水平后拉;保持肘部、上臂与地面垂直,缓慢返回还原动作。重复8 ~ 15次。

⚠ 后拉时,腰部收紧,背部主导发力,尽量保持脊柱中立位。

⚓ 卧推机坐姿卧推

坐姿,双脚踏实地面;调整座椅高度,双手掌心朝前握把,屈肘,使推手把柄与胸部齐平,保持肩部下沉;胸部肌肉收缩,缓慢向前平推,伸直手臂,停顿1 ~ 2秒;缓慢返回还原动作。重复8 ~ 15次。

⚠ 向前平推时肘关节不能锁死,避免关节损伤。

⚓ 拉力器绳索下拉

站在器械前,双手并排抓住缆绳附件,保持在垂直位置,掌心相对;用三头肌向下压,直至肘关节伸展至微屈,缓慢还原。重复8 ~ 15次。

⚠ 下拉至底,肘关节不能锁死,避免关节损伤。

⚓ 坐姿肩上推举

坐姿,双脚踩实地面,头、颈椎至尾椎贴紧座椅靠背;双手反手握把位,在器械处于静止状态下,双肘指向地面,把手正好在略高于肩部的两侧为宜;双手缓慢举过头顶,停留2～3秒,逐渐还原。重复8～15次。

⚠ 肩部收缩时(双手举过头顶时)不要耸肩,肘关节不要超伸。

健身器下肢力量训练

⚓ 史密斯机直腿硬拉

两脚开立,双脚宽度宽于肩,脚尖朝前微外展,双手正握杠铃;收紧核心,目视前下方;臀大肌和腘绳肌主导发力,髋部向前推顶,杠铃沿大腿前侧紧贴身体缓慢上拉,至最高点控制1～2秒;控制杠铃沿原路放下。重复8～15次。

⚠ 全程保持脊柱中立位,避免含胸或过度后仰。

⚓ 史密斯机杠铃深蹲

两脚开立,双脚间距与肩同宽或略宽于肩,挺胸,收紧腰腹部,双手握住杠铃放于颈后,双脚位置前移;紧腰收腹,重心下降,膝盖慢慢弯曲,至髋关节屈曲90°或者小于90°时,稍作停顿;集中腿部和臀部肌肉的力量,快速还原到起始位置。重复8～15次。

⚠ 避免站在史密斯杠铃正下方进行深蹲;膝关节不能锁死。

✧ 史密斯机坐位半蹲

坐姿，双手间距宽于肩，掌心朝前握杠，杠铃置于肩后，收腹、紧腰、挺胸，身体直立；集中腿部臀部肌肉力量，快速站起；重心缓慢下降至臀部接触健身凳，回到起始位置。重复 8 ～ 15 次。

⚠ 不要弯腰驼背，并控制好重心。

✧ 坐姿脚踝下压

坐姿，身体挺直，背部紧贴椅背，双手自然下垂握持握把，双腿伸直，勾脚，

踝关节呈90°；踝关节下压，直至脚背绷直；脚踝放松，回归起始位置。重复8～15次。

⚠ 双腿伸直，尽量用踝关节发力。

🦵 坐姿腿部下压

坐姿，身体挺直，背部紧贴椅背，双手握持胸前的握把，双腿自然置于滚轴上；双腿发力下压，直至膝关节弯曲至90°；缓慢回归起始位置。重复8～15次。

⚠ 注意动作节奏，快压慢起。

🦵 坐姿水平蹬腿

双脚放到踏板上，双脚间距略大于髋关节，身体保持正直，双手握把，保持身体的稳定性；上背部贴紧座椅靠背，眼睛平视前方；大腿前侧、后侧和臀部同时用力，将重量蹬起。保持挺胸、收腹；动作到顶点时膝盖稍弯不要锁死，停顿1～2秒后膝盖弯曲，还原到开始时的姿势。重复8～15次。

⚠ 当腿部蹬直时，膝盖不要完全伸直，要让肌肉承担大部分力量，否则容易造成膝盖损伤。

✆ 坐姿屈腿器腿屈伸

坐姿,腰背紧贴椅背,两手紧握把手,保持身体平衡,两腿屈膝下垂,双脚勾住横杠;膝关节轴心和器械轴心对准,由下向上发力,用力伸一侧小腿举起重量,在最高点时充分收缩股四头肌,稍作停顿;控制大腿肌肉,缓慢下放小腿,至最低点还原。重复8 ~ 15次。

⚠ 要注意训练的节奏,快伸慢屈;也不要弓背,否则容易产生不良身体姿态。

✆ 俯卧小腿屈伸

俯卧,两脚踝勾在辊轴下面;屈膝,小腿向后弯起,到最高点时尽力收缩股二头肌。停顿1 ~ 2秒,将小腿伸直还原到初始位置。重复8 ~ 15次。

⚠ 弯起小腿时,大腿平贴凳面。

健身器核心力量训练

✆ 罗马椅挺身

双脚踩在器械的踏板上,双腿伸直贴于器械下端,身体趴在器械上端的位置,双手交叉于胸前,颈部连同身体挺直,准备开始动作;然后慢慢下腰,身体下到与地面水平的位置,用腰部的力量再挺直身体。重复8～15次。

⚠ 控制身体移动速度,防止受伤。

⚓ 罗马椅负重挺身

双脚踩在器械的踏板上,双腿伸直贴于器械下端,身体趴在器械上端的位置,屈肘持杠铃片于胸前,眼睛始终往前看,颈部连同身体挺直,准备开始动作;然后慢慢下腰,身体下到与地面水平的位置,用腰部的力量再挺直身体。重复8～15次。

⚠ 控制身体移动速度,防止受伤。

⚓ 健腹轮滑动健腹

跪于垫上,双手正握健腹轮,双臂伸直支撑身体,核心收紧,脊柱保持中立,目视前下方;缓慢向前推动健腹轮,至最大可控幅度(以不塌腰为限);当身体与地面接近平行时,保持1～2秒;控制健腹轮原路缓慢收回至起始位置。重复8～15次。

⚠ 全程收紧核心肌群,避免腰部过度代偿。

悬垂举腿

背部贴紧后垫，双手紧握扶手，腹部用力，带动髋关节，抬起双腿向前伸直；屈膝，深呼一口气，把小腿尽力向上缩起，到最高点时，彻底收缩腹直肌1秒；缓慢下垂小腿，直到完全伸直。重复8～15次。

⚠ 缩起小腿时要尽力把两膝向上提升。

卷腹机卷腹

坐姿，背部紧贴后垫，双手紧握头部两侧的扶手；腹部发力，身体向前折叠，胸向膝关节贴近；缓慢恢复至起始姿势。重复8～15次。

⚠ 动作节奏保持匀速，避免忽快忽慢。

⚓ 旋腹机旋腹

跪姿,腿部侧面紧贴侧方靠垫,保持躯干挺直,胸部紧贴前侧靠垫,双手紧握扶手,小臂紧贴下方垫子;腹部发力,旋转腰部以下身体,至器械顶点;缓慢恢复起始姿势。重复8～15次。

⚠ 保持躯干稳定,腰部以上静止不动。

⚓ 卷腹凳下斜仰卧起坐

仰卧,双腿屈膝,两脚勾于器械踏板下方,双手抱于胸前;腹部用力将上身向上抬起,眼睛始终往前看,直到上身与双腿垂直;身体下放到起始位置,然后用腹部力量再次将上身抬起。重复8～15次。

⚠ 臀部不要离开腹肌板。

⚓ 卷腹凳下斜仰卧举腿

仰卧,双手抓住凳上方的把手以保持稳定;身体与凳面紧紧贴合,保持双腿双脚并拢;绷直双腿,然后向上抬起,直到髋关节屈曲90°。重复8～15次。

⚠ 不要利用惯性完成动作,放慢速度,依靠腹肌力量来控制动作。